I0165592

DONATO BILANCIA

EL ASESINO DEL TREN

AMERICAN
BOOK GROUP

INNOVANT PUBLISHING
SC Trade Center: Av. de Les Corts Catalanes 5-7
08174, Sant Cugat del Vallès, Barcelona, España
© 2026, Innovant Publishing SLU
© 2026, TRIALTEA USA, L.C. d.b.a. AMERICAN BOOK GROUP

Director general: Xavier Ferreres
Director editorial: Pablo Montañez
Director de producción: Xavier Clos

Colaboran en la realización de esta obra colectiva:
Directora de márqueting: Núria Franquesa
Project Manager: Anne de Premonville
Office Assistant: Marina Bernshteyn
Director de arte: Oriol Figueras
Diseño y maquetación: Roger Prior
Edición gráfica: Emma Lladó
Coordinación y edición: Adriana Narváez
Seguimiento de autor: Eduardo Blanco
Redacción: Adriana Patricia Cabrera
Corrección: Olga Gallego García
Créditos fotográficos: Portada y pàgina 119, ©Luca Zennaro/
ARCHIVIO/ANSA/KRZ; 12-13, ©Shutterstock; 18-19,
©Shutterstock; 27, ©Piccarreta/GIACOMINOFOTO/Fotogramma;
32-33, ©Luca Zennaro/ANSA; 40-41, ©Shutterstock; 44,
©Piccarreta/GIACOMINOFOTO/Fotogramma; 50, ©Piccarreta/
GIACOMINOFOTO/Fotogramma; 62-63, ©ASTRID/IPA/
Fotogramma; 82-83, ©Piccarreta/GIACOMINOFOTO/Fotogramma;
89, ©Piccarreta/GIACOMINOFOTO/Fotogramma; 99, Amato/
GIACOMINOFOTO/Fotogramma; 102-103, Shutterstock; 105,
Mondadori Portfolio.

ISBN: 9781681659053
Library of Congress: 2021946875

Impreso en Estados Unidos de América
Printed in the United States

Índice

Capítulo 1

UN SECRETO
ENTRE NOSOTROS

«No puedo imaginar cómo alguien puede decir
"soy débil" y seguir siéndolo. Después de todo, si
lo sabes, ¿por qué no luchas contra ello? ¿Por qué
no entrenar el carácter? La respuesta es: porque
es mucho más sencillo no hacerlo.»

Anna Frank, *Diario*.

Se acerca la hora de dormir y la familia se prepara para ir a la cama. Michele es el primero en lavarse los dientes, el primero en quedarse dormido, el que logra que papá y mamá sonrían.

Donato, en cambio, es un problema. Da las mil y una vueltas antes de acostarse. No tiene sueño, quiere más postre, demora siglos lavándose los dientes y, al fin, se va a dormir cuando su madre apaga la luz y se agotan todas las oportunidades de quedarse despierto, aunque más no sea, sentado incómodo en una silla en el comedor.

Entonces va a regañadientes, se mete en la cama y retoma la lucha, ahora contra el maldito sueño. Dormir es viajar a un territorio hostil donde las arenas movedizas están al acecho y donde todo siempre termina mal, muy mal.

Pero nadie le entiende y, a la mañana siguiente, cuando pierde su batalla diaria, cuando se muere otra vez la esperanza de ser normal y feliz, recibe las burlas de sus primos y de su tía, especialmente de su tía, que se ríe tanto y tan a sus anchas que el pequeño Donato puede verle de una sola vez todos los dientes y hasta oler su aliento a café.

Pero la situación se pone aún más angustiante cuando su madre, gritando y maldiciéndole, enojadísima con él, saca el colchón del pequeño al balcón, «su» colchón. Entonces las niñas del edificio de enfrente lo ven y, ¡qué duda cabe!, también se dan cuenta de que no hay niños pequeños en la casa.

Donato quiere guardar el secreto a toda costa, como si esconder que se hace pis en la cama casi todos los días le permitiera enterrar la vergüenza que siente y abarca todo su cuerpo, empezando por el calzoncillo que se le pega y lo lastima, y siguiendo por su pene pequeño, y por todo su cuerpo y por él mismo entero, como si Donato solo fuera, ahora mientras ella está gritando e insultándolo, solo un bote de desperdicios que mamá dejó caer para que ruede y se aleje por las calles cuesta abajo de Potenza, con el fin de que se pierda de una maldita vez y no le moleste más.

Entonces Donato comienza a probar varias estrategias; no acostarse, acostarse y no dormir, dormir y no soñar. Pero es imposible dormir sin dormirse y soñar sin soñarse, así que toda la intentona del secreto no es tal: reluce en la mirada reprobatoria de sus padres, en la burla de las primas, en la risa fea y eterna de su tía.

Donato no puede entonces aguantar la tensión, así que todas las noches cae inevitablemente en esa arena movediza que se lo traga. Y ya no puede guardar más el secreto tampoco. Está a punto de cumplir doce años y aún, en medio de su sueño profundo, cuando por fin consigue olvidarse de sí mismo, sigue haciéndose pis.

Todo eso vocifera una y otra vez en sus oídos como el desperdicio que es y la vergüenza que siente por andarse meando en la cama ya grande como es.

Capítulo 2

EL ASESINATO DE UNA PROSTITUTA

> «Se sabe que las raíces de la violencia episódica
> están en la neurobiología y son el resultado de
> disfunciones cerebrales.»
>
> Natalia Albaladejo-Blázquez,
> Los motivos del asesino en serie.

Es invierno en Liguria, zona al noroeste de Italia, cuya capital es Génova. Entre el mar y los acantilados, el frío da sus últimas pinceladas a un paisaje ya de por sí muy azul, en el que todo el año hay buen tiempo para los turistas.

La postal impacta, salvaje e imponente, gracias a la combinación de dos fuerzas de la naturaleza: el mar de Liguria que se desprende del bello Mediterráneo y los acantilados de piedra tallados a pique por la impiedad de los años. Y más aún. Recorriendo fielmente el perímetro de la costa, se extiende el Lungomare Europa, situado a unos 3 km del puerto turístico de Varazze, donde una ciclo vía para ir a pie o en bicicleta llega hasta Cogoleto, distante a unos 8 km, convirtiendo en mirador privilegiado cada una de sus curvas. La belleza de las vistas es única y hay que dar gracias por que hayan trasladado más al norte las vías del tren que ocupaba antes el camino pegado al mar.

Corría el año 1998. Lejos de la algarabía eterna de los turistas, algunos caminos se abren del Lungomare y se adentran entre las rocas de los acantilados. Son senderos preciosos que se mezclan con la vegetación por donde los lugareños prefieren transitar acompañados solo por el canto de los pájaros.

Era el 9 de marzo de 1998. A mitad de camino entre las localidades de Cogoleto y Varazze, se producía un hallazgo macabro.

A las 10 de la mañana, un hombre que paseaba ocasionalmente con su perro vislumbró un bulto blanco entre las piedras del paisaje desierto. Se acercó lentamente sin perder de vista lo que había llamado su atención hasta que descubrió con horror la espalda de una mujer desnuda.

Quizá se había caído y quedado inconsciente; tampoco podía descartarse a primera vista un accidente, pero por la posición en la que halló el cuerpo, el testigo intuyó lo peor. No dudó, y de inmediato avisó a los *carabinieri*.

La autoridad no tardó en llegar. El Arma dei Carabinieri, cuerpo de gendarmería y organismo de seguridad italiano, es famosa en el mundo por su función en el proceso de unificación del país y por considerarse la «policía italiana», aunque su rol es más bien de policía militar. Fueron los *carabinieri* quienes en colaboración con autoridades municipales recuperaron el cuerpo de las rocas y confirmaron lo que ya se sabía: la mujer estaba muerta.

Pero esa conclusión obvia, si se quiere, fue el puntapié inicial de una investigación que tuvo múltiples ramificaciones.

¿Quién era ella? ¿Qué hacía allí, presumiblemente por la noche, entre las rocas de ese sitio inhóspito, ya que fue encontrada de mañana? ¿Cómo había sido asesinada?

Enrico Zucca, fiscal de Génova, fue el encargado de la investigación. Basándose en las conclusiones del equipo forense, aseguró que la mujer había recibido un disparo en la nuca, desde una distancia muy corta. «A quemarropa», como se dice, ya que al arder la pólvora se puede quemar la ropa de la víctima, de ahí la expresión.

Entre Cogoleto y Varazze, un hombre encuentra el cuerpo de una joven mujer que yace muerta sobre las rocas.

En este caso, la ausencia de quemaduras en la piel del cuello de la mujer llevó a concluir que su asesino le había cubierto la cabeza con una prenda antes de disparar. Se desconoce el tipo de tela o ropa utilizada. El arma en cuestión, según la pericia del departamento de balística, fue un revólver calibre 38. Lamentablemente la bala no fue hallada: el disparo penetró por la nuca, pero salió por una de las cuencas orbitales de sus ojos y probablemente, haya tenido el hermoso mar azul de Liguria como destino final.

La víctima era muy joven, tenía solo 25 años.

Una tal Stela

En la reconstrucción de los pasos que habría dado en las últimas horas de su vida la mujer asesinada, el fiscal Zucca pudo determinar que trabajaba de prostituta y que, según sus compañeras, se habría ido con un cliente en un coche Mercedes Benz de color oscuro, alrededor de las 4.30 de la madrugada de aquel 9 de marzo.

Partiendo desde Génova, desde el lugar donde la chica había subido al coche hasta la zona fronteriza entre las comunidades de Cogoleto y Varazze, sitio donde fue hallada, hay casi cincuenta minutos viajando por la Strada statale 1 Via Aurelia (SS 1). Esta es una de las carreteras más importantes de Italia que conecta Roma con Francia siguiendo la costa del Mar Tirreno y a continuación del Mar de Liguria.

Se tarda unos minutos menos si acaso el Mercedes hubiera tomado por la Autostrada A10, conocida también como Autostrada dei Fiori o AutoFiori, autopista italiana que discurre por territorio ligur y conecta las ciudades de Génova y Ventimiglia, hasta llegar por la costa a Niza, en Francia.

El recorrido que pudo haber hecho el Mercedes no era un dato menor para el fiscal, y lo mismo puede decirse sobre la importancia del horario de la muerte. La precisión de cada detalle podía acercarle al dueño del revólver calibre 38 que había disparado a la muchacha tras que ella le practicara sexo oral.

Aunque el asesinato de una prostituta pronto caería en el olvido, mucho más tratándose de una pobre albanesa inmigrante, los investigadores pudieron saber el nombre de la víctima: Stela Truya.

Lo ubicaron, porque el 22 de enero de 1998, en una de las típicas redadas en las que la policía detenía prostitutas al azar, Stela había dejado sus huellas digitales en el departamento de la Polizia di Stato.

Nacida en la ciudad albanesa de Durres, el 30 de noviembre de 1973, Stela pronto sintió que en su país no tenía expectativas de futuro. Eran años de permanente inquietud social: a partir de la posición política de Albania, China había decidido cancelar los programas de asistencia que otorgaba a ese país. Este distanciamiento y la ruptura en las relaciones entre los dos países, puso en desventaja económica a Albania. A causa de la carestía de la vida, Stela intentó primero recibir ayuda social en su propio país mientras la vecina Italia, cansada de devolver migrantes albaneses, decidió colaborar con alguna ayuda humanitaria.

Ya un poco mayor, cuando pudo independizarse de sus padres, decidió cruzar el Adriático, el mar que separa Albania, y los demás países de la región de los Balcanes, de Italia. No estaba sola. Muchas chicas de su edad, buscando con ilusión un futuro mejor, subían al barco más barato y se mudaban del puerto de Durres, en la empobrecida Albania, al puerto de Génova, donde esperaban llevar una vida más holgada y, quizá, hasta feliz.

Tal vez, porque a pesar de hablar bien italiano Stela no consiguió el trabajo que soñaba, pronto fue captada para trabajar en las calles como prostituta, el destino común de las mujeres y de los niños pobres, jóvenes y bien parecidos.

De tez blanca, con ojos y cabellos castaños y sus jóvenes 25 años, la chica estaba en condiciones de seleccionar a su clientela, así que ahorraba dinero para rentar su propio piso. Nada cuesta imaginar que entre sus planes estaba abandonar las calles, terminar de estudiar primero el secundario y luego continuar con alguna carrera que le permitiera desarrollar su vocación, y hasta formar su propia familia en el futuro.

Pero ese lunes 9 de marzo de 1998, las cosas dieron un vuelco definitivo a la vida de Stela Truya. Cómo iba imaginar que aquel Mercedes de color azul o negro al que había subido la conduciría a las afueras de la ciudad, de donde jamás regresaría. Nada hacía sospechar de ese hombre que le duplicaba la edad, de cabello canoso y aspecto fornido ni tampoco de su mirada. Al fin de cuentas, todos los clientes tenían esa misma mirada, entre solitaria y libidinosa, así como todos iban tras la búsqueda de lo mismo: sexo por dinero.

Así que Stela subió confiada al Mercedes y, probablemente, anduvo por la carretera con ese hombre, perdida en alguna conversación trivial con que matar el silencio para, luego, dedicarse al trabajo propiamente dicho: hacerle una felación a su cliente.

¿Qué podría haber sucedido luego? Es posible que, ocurrido esto, la situación se haya salido de los carriles normales: que el hombre no se haya ofrecido a llevarla de regreso y que la obligara a bajar del coche, así como estaba, a medio vestir.

¿Dónde iba a ir Stela, en aquel paraje solitario y a esa hora —aproximadamente las 6 de la mañana—? Quizá haya dado unos pasos alejándose un poco del vehículo. Y también es posible que su cliente se bajara. Puede que Stela haya presentido su propia muerte y también es verosímil que se haya resignado sin más a su destino. Lo cierto es que los forenses no descubrieron piel del asesino bajo sus uñas, ni tampoco había signos de pelea en su cuerpo.

Esos eran los pasos previsibles que habrían dado victimario y víctima de madrugada. A las 11 de la mañana, cuando los *carabinieri* rescataron su cadáver de entre las piedras, la única verdad era que una bala le había atravesado el cráneo y que su cuerpo ya sin vida estaba muy frío y húmedo.

El móvil mafioso

El asesinato de Stela Truya no ocupó demasiado espacio en los medios de comunicación. Incluso los periódicos sensacionalistas y los programas que disfrutaban del morbo en la televisión se abstuvieron de desarrollar sus crónicas debido a la truculencia del hallazgo.

Para mediados de marzo, la Dirección de Investigación Antimafia, el área del sector público del Ministerio del Interior italiano, formado por los tres cuerpos de policía —Carabinieri, Guarda di Finanza y Polizia di Stato— se había interesado en el posible móvil del asesinato de Stela. En realidad, al organismo no le preocupaba tanto la víctima en sí misma, sino la posibilidad de que su muerte fuera la punta de un iceberg, un reverdecer de viejas peleas mafiosas.

En una ciudad como Génova, con su gran zona portuaria al lado del mar, no era raro detectar cierta actividad delictiva y de hecho algunos barrios eran bien conocidos por su peligrosidad a ciertas horas. Allí vivía larvadamente una suerte de enorme submundo, con grupos rivales que competían por el control de la prostitución de la ciudad. Todos ellos bien podrían haber ajustado cuentas, secuestrando y matando a una chica como Stela.

Probablemente, inculpar a la mafia como autora de crímenes múltiples y de venganzas resultara la solución más sencilla a las muchas muertes que no encontraban otra explicación. Sin embargo, la hipótesis acerca de la mafia no se sostenía: el arma asesina era un revólver calibre 38, mientras que los grupos de este tipo de delincuencia, cuidadosa de los códigos, usaba armas de fuego de calibre 7,65 mm, pistolas de 9 mm y fusiles de asalto tipo AK.

El asesino levantó en su coche a Stela Truya en Génova y, posiblemente, recorrieron un tramo importante de la Strada statale 1 Via Aurelia hasta llegar al destino donde la hallaron muerta.

¿Y si el hombre del Mercedes Benz oscuro no pertenecía a la mafia y perseguía íntimamente otros propósitos? Podría muy bien ajustarse a la definición del asesino que actúa como un lobo solitario, como alguien que actúa sin motivo ni directriz, o lo peor: que este fuera el primero de otros casos similares que empezarían a regar las calles de cadáveres a partir de ahora.

Las compañeras de Stela que la vieron alejarse con aquel hombre canoso del Mercedes sentían que estaban al amparo de Dios únicamente. Como víctimas de la sociedad, tenían bien en claro que no le importaban a nadie, lo único interesante era usar sus cuerpos. Quiénes eran o hacer justicia no competía a sus clientes ni a las autoridades que les protegían.

Así que intuían claramente que tanto los investigadores, que intentaban desde sus cómodas oficinas desenmascarar al asesino, como la propia policía, siempre atareada en custodiar otros intereses, jamás les brindarían ni el tiempo ni el cuidado necesarios que ellas necesitaban.

Capítulo 3

UN MERCEDES NEGRO

> «La cuestión es —dijo Alicia— si se puede
> hacer que las palabras signifiquen tantas cosas
> diferentes. La cuestión es saber —dijo Humpty
> Dumpty— quién manda... y punto.»
>
> Lewis Carroll, *Alicia a través del espejo.*

A nueve días de la muerte de Stela Truya, el asesino volvió a atacar. Esta vez en la localidad y comuna de Pietra Ligure, una pequeña localidad, situada a casi 80 km de la ciudad portuaria de Génova y a solo 50 km, de donde había sido hallado el primer cuerpo, entre Cogoleto y Varazze.

Nuevamente una prostituta había sido la víctima. El miércoles 18 de marzo de 1998, solo 9 días más tarde del primer asesinato, un funcionario municipal descubrió el cadáver de otra mujer joven tirado en una calle poco transitada, detrás del hospital Santa Corona.

Ljudmila Zubskova era una ucraniana de 23 años que había arribado a Pietra Ligure, localidad costera de unos pocos miles de habitantes y allí había encontrado su lugar en el mundo.

Huyendo de la inseguridad y de la pobreza histórica de su tierra natal, —entonces parte y bajo la órbita y el control de la URSS, Unión de Repúblicas Socialistas Soviéticas—, y a pesar de su actividad como prostituta, Ljudmila —como Stela— también soñaba con la posibilidad de abandonar los sacrificios del oficio y encontrar un buen trabajo y una vida mejor en Italia.

El martes 17 de marzo, a la caída del sol, la chica se había subido a un Mercedes negro, previa conversación con el cincuentón que conducía. Acordaron llevar a cabo el acuerdo en una zona reservada de las miradas de los curiosos. El conductor y cliente condujo hasta el hospital Santa Corona y lo rodeó sin prisas hasta que encontró un sitio tranquilo. Allí estacionó.

Quizá la escena se haya repetido calcada del asesinato anterior: la chica llevó a cabo la felación y el hombre la conminó a bajar del vehículo. En ese lugar, la habría obligado a arrodillarse, bajo el pretexto de no querer que viera la patente del coche, pero con el mismo suéter que la muchacha llevaba en la mano, el hombre le cubrió la cabeza y acto seguido le disparó a quemarropa.

Nuevamente, se trataba del mismo calibre y *modus operandi*. Una bala de calibre 38 silenciada por una prenda de vestir había dejado su huella mortal en la nuca de Ljudmila produciéndole una muerte casi instantánea. Pero esta vez, el ángulo del disparo había sido levemente diferente, así que el proyectil no salió por la cuenca orbital, sino que quedó incrustado en el pómulo de la víctima.

Si acaso cabía hasta entonces alguna duda sobre el arma asesina, el hecho de hallar ahora otra vez el mismo tipo de bala confirmaba el calibre y la particularidad de esta munición: su punta era hueca, lo que permitía poco a poco perfilar a un tipo singular de asesino. El equipo forense no encontró signos de violencia o forcejeo en el cuerpo de la chica, tal como en el caso anterior.

A partir del caso de Ljudmila Zubskova, el fiscal Zucca comprendió que las dos muertes estaban relacionadas y que ya no podían archivarse bajo la excusa de enfrentamientos entre bandas rivales. Por ese motivo, pidió ayuda inmediata al RIS

(Reparto Investigazioni Scientifiche) de Parma, para que colaborara en las investigaciones. Se trata de un cuerpo dependiente de los Carabinieri especializado en la investigación de escenas de crímenes, con dependencias en distintas ciudades importantes de Italia.

El caso de Lorena, la única sobreviviente

De alguna manera, quedaba claro que el asesino estaba cebado con su aparente impunidad. Como un felino sin piedad, volvió a salir de caza el 24 de marzo, con una posible víctima en la mira.

Esta vez el hombre canoso deambulaba dando vueltas por la localidad de Novi Ligure tras la búsqueda de una mujer para pasar el rato, una ciudad de unos 28.000 habitantes, situada en la comunidad de Alessandria de la provincia del Piamonte, cerca del mar pero desplazada hacia el interior, a unos 79 km de Génova. Miró el conjunto como si se tratara de una vidriera y escudriñó entre el grupo de prostitutas que conversaban a la espera de un cliente. Frenó e inequívocamente se concentró en una de ellas, que sensualmente respondió arrimándose a la ventanilla del coche para ajustar el objeto concreto de la transacción sexual y su precio.

La prostituta era Lorena Castro, un transexual de 25 años, también conocido como «John Zambrano». Hubo acuerdo, y la mujer finalmente subió al coche negro.

La rutina se repetiría una vez más: irían a un lugar apartado, donde ella debería practicar sexo oral al cliente. Pero, quizá amparado en que nadie se preocupaba demasiado por una prostituta muerta, el asesino llevó su plan habitual un poco más allá. El riesgo aumentaba su placer.

Así que se acercó a una de las villas más hermosas de la ciudad, forzó el portón con control eléctrico de la entrada y estacionó cómodamente en el jardín de esa casa en la que era un intruso moviéndose con total parsimonia.

El testimonio de Lorena Castro, la única superviviente, se convirtió en la pieza clave de la acusación contra Donato Bilancia.

A Lorena le llamó la atención que se quedaran en el enorme parque de la villa, teniendo la posibilidad de entrar a una casa cómoda y elegante. Cuestionó al hombre acerca de la decisión, pero no obtuvo una respuesta satisfactoria.

Sí advirtió, por la forma en que su *partenaire* había estacionado el Mercedes, que la puerta de su lado, la del acompañante, no podría abrirse. Y, si bien no sospechó, claramente se puso en alerta. Mientras practicaba sexo oral a su cliente, que se había desabrochado no solo el pantalón sino también el saco, notó que el hombre estaba armado. Fue en ese momento, apenas el asesino percibió la sospecha, cuando empezó el duro forcejeo por el revólver.

Quiso el destino que en ese instante dos guardias de seguridad de la propia villa se acercaran al vehículo. Al tratarse de una propiedad privada, no había motivo para que un coche estacionara allí.

Se acercaron al Mercedes y le preguntaron al conductor si era el propietario. Y el asesino respondió que sí, lo que por supuesto era mentira, y aclaró que en ese momento se estaba yendo. Sin embargo, justo antes de que se retiran de la escena, Lorena alcanzó a gritar pidiendo auxilio.

En solo unos segundos, el asesino disparó a Lorena que intentaba huir por la puerta trasera del vehículo. Después se bajó y mató a quemarropa a uno de los guardias. Al segundo, lo hirió con un otro disparo cuando pretendía llegar al coche para pedir refuerzos.

Con una última bala en el tambor del revólver 38, volvió a dispararle a la chica, que ahora yacía en el piso, medio muerta, a solamente unos centímetros del Mercedes. Y como no quería dejar cabos sueltos, el asesino volvió al coche, recargó su revólver y recorrió los cinco o seis metros que lo separaban de los dos guardias. A uno le disparó en la espalda, aunque presumiblemente ya estaba muerto y al otro, herido de gravedad, le dio un tiro de gracia. Ambos fallecieron: eran Candido Randò y Massimo Gualillo.

Acto seguido, el nombre volvió a subir al Mercedes Benz, hizo una breve maniobra marcha atrás y se fue por el mismo lugar por donde había venido. Sin duda dio a los tres por muertos.

Pero Lorena, aunque aturdida por el suceso y las heridas recibidas, pudo llegar hasta el coche de los guardias y pedir ayuda. Su testimonio sería clave en los meses sucesivos para dar con quien ya se había convertido en el «asesino de prostitutas».

Muertes con un mismo patrón

En un principio, el equipo de investigadores de la policía intentó que la prensa no divulgara los pocos datos de los que disponían: la versión del cincuentón canoso y el coche oscuro, el calibre del arma y las balas capaces de dar forma a un círculo perfecto en el orificio de entrada.

Pero, después del caso de la transexual Lorena, los medios se hicieron eco de lo que estaba ocurriendo. La prensa hablaba ahora de un loco asesino con un Mercedes negro y todas las mujeres de Liguria, prostitutas o no, se pusieron a la defensiva. Sin embargo, Lorena no había sido el último caso. Habría más muertes de las que hablar durante aquel oscuro mes de marzo de 1998.

Y así ocurrió. El domingo 29, otra chica fue hallada muerta. ¿El lugar? Cogoleto, sitio muy próximo a donde había aparecido Stela Truya. El modus operandi, idéntico a los dos asesinatos anteriores. No cabía duda ahora de que estaban tras un mismo y único asesino en serie.

Evelyn Eshoe Enddoghaye, también conocida por el nombre que adoptó cuando decidió emigrar a Italia, «Tessy Adobo», fue encontrada en un lugar apartado con tres tiros en la nuca.

Aparentemente los disparos no habían sido el motivo de su deceso, sino un golpe que el asesino le habría propinado con la culata del revólver.

La chica, que había nacido en Nigeria, África, hacía 28 años, fue vista por última vez acompañando a un hombre canoso, que manejaba esta vez un Opel Kadett azul, otro vehículo de buena marca y excelente porte.

A pesar del cambio aparente de coche, el calibre del arma asesina y la particularidad de las balas eran idénticos, así que los investigadores no dudaron de que se trataba del mismo asesino. Otra vez, sin forzar a la víctima y tras un encuentro de tipo sexual aparentemente azaroso, el homicida le había cubierto la cabeza con una prenda y después le había disparado a quemarropa. La policía determinó que la muerte de Tessy Adobo se produjo entre las 2 y las 3 de la madrugada.

Luisa, salvada

Stela, Ljudmila, Lorena y Tessy constituían una cantidad suficiente de víctimas para demostrar el gran peligro al que estaban expuestas las trabajadoras sexuales callejeras. Y claro, ninguna subiría en esa situación a un Mercedes negro otra vez, ni tampoco haría tratos con ningún canoso cincuentón, sobre todo, porque ya había circulado en algunos medios el retrato robot que se había diseñado gracias al testimonio de Lorena, hasta ahora la única sobreviviente.

Fueron los mismos medios periodísticos quienes, en su afán por dar a conocer la noticia y advertir a la sociedad, también despertaron la suspicacia del asesino, quien hábilmente probó otras variantes para cumplir con sus temibles propósitos.

Ya no podría levantar de la calle a la próxima víctima como si tal cosa. Por lo tanto, para saciar la sed de su encuentro sexual seguido de asesinato, el homicida decidió contactar en esta ocasión a una mujer que ejercía la prostitución en su propio apartamento. Así, el 3 de abril Luisa Cimminelli, una italiana de 47 años, recibió a su cliente. Al principio nada le hizo sospechar del hombre de mediana edad, y el encuentro sexual discurrió tal cual habían acordado. Sin embargo, al momento de pagar por los servicios, el cliente extrajo de su abrigo un revólver calibre 38 y apuntó a la cabeza de la víctima.

Sorpresivamente, la mujer comenzó a llorar y mirándole a la cara le suplicó piedad. Entre sollozos le contó que tenía un hijo de 2 años a quien no podía dejar solo y aguardó su destino. Seguramente, los segundos en los que tuvo el arma a escasos centímetros de su cabeza fueron los más largos de su vida, pero concluyeron cuando el cliente asesino, contra toda previsión razonable, se limitó a darse vuelta y a marcharse de la casa sin pagar. La mujer había logrado convencer al asesino. ¿Habrían tenido la oportunidad de pedir piedad otras víctimas? No se sabe, pero su salvación constituía ahora un nuevo cabo suelto para los investigadores. Luisa rápidamente se contactó con la policía y colaboró con el perfeccionamiento del retrato robot que ya se había diseñado.

Una víctima que rompe la regla

Los datos que tenía la policía eran escasos, había muchos individuos canosos que rondaban los cincuenta años y muchos de ellos conducían un Mercedes Benz negro o un coche oscuro. ¿Pero cuántos usaban un revólver calibre 38? Los investigadores no podían obtener esa información porque el arma no estaba registrada. Solo podían suponer que, por el calibre y el tipo de balas, buscaban a un ladrón que se había extralimitado en su trabajo y se había pasado al bando de los asesinos.

Además, parecía que el universo de víctimas se encontraba circunscripto a las prostitutas. Por tal motivo, la policía pasó por alto, en un primer momento, otra muerte que no se ajustaba al patrón de las anteriores.

El 20 de marzo de ese mismo año 1998, un agente de cambio de moneda, Enzo Gorni apareció muerto. Si bien al comienzo de la investigación criminal se creyó que se trataba de un robo seguido de muerte y si bien Ventimiglia era una localidad tranquila del

El asesino de prostitutas» invitaba a sus víctimas a subir a un Mercedes Benz negro. Ese dato se repetía entre los testimonios que vinculaban al conductor canoso con Donato Bilancia.

golfo de Génova, distante a unos 164 km de allí, su cercanía con la ciudad francesa de Mentón, la convertía en el lugar ideal para cambiar moneda. Es importante tener en cuenta que en 1998 aún no existía el euro como moneda común en el continente, por lo que era frecuente que las personas entraran asiduamente a realizar sus diligencias en las casas de cambio.

Esta vez, sin siquiera haberlo sospechado, los investigadores se acercarían de nuevo al asesino de las prostitutas. Cuando el cuerpo de Enzo Gorni fue sometido a una autopsia, el equipo del RIS, el cuerpo especial de investigación criminal, aportó una verdadera prueba: la bala que le había dado muerte correspondía a un revólver calibre 38, Smith & Wesson, con la particularidad de que su punta era hueca. Con los datos obtenidos, los crímenes que venían sucediéndose en la región de Liguria comenzaron a asociarse rápidamente y se intentó recabar toda la información que se tenía sobre el probable asesino.

Los investigadores no encontraban la respuesta a ciertas conjeturas: ¿buscaban a un asesino en serie de prostitutas o a un asesino más genérico? ¿Cuál era el móvil? ¿El sexo gratis? ¿Existía algún vínculo entre el prestamista y las prostitutas?

El robo al cambista los despistaba a la hora de definir el perfil del asesino y la investigación corría el riesgo de detenerse. Suponían, inclusive, que podía tratarse de dos personas diferentes. Sin embargo, el aporte del cuñado de Enzo Gorni al declarar resultó esclarecedor y se descartó esa hipótesis: en la noche del crimen, el hombre misterioso había visto en un Mercedes Benz negro en las proximidades de la casa de cambio. Ya eran demasiadas coincidencias: el coche, el arma y la bala, aunque el móvil quedara en una zona gris. Restaba ajustar la búsqueda del asesino con la invaluable asistencia del retrato robot proporcionado por Lorena y Luisa, las sobrevivientes. ¿Los investigadores estaban decididos a actuar o esperarían a que alguien lo reconociera por las calles o a que, lamentablemente, atacara de nuevo?

Capítulo 4

EL ASESINO DEL TREN

«El asesino en serie suele emplear el asesinato
como instrumento de cara a obtener un beneficio,
por motivos ideológicos, o con la intención de
descargar una frustración o fantasía concreta.
Por norma general, no tiende a saber ponerse
en el lugar de su víctima, careciendo en su
mayoría de empatía. Una gran parte de ellos
son clasificables como psicópatas y entre sus
motivaciones hay una visión de la realidad
extraña, apartada de las ideologías hegemónicas.»

Oscar Castillero Mimenza, «El perfil psicológico
del asesino, en 6 rasgos típicos».

Una verdadera ola de crímenes asolaba la Liguria. Y las víctimas ya no se circunscribían a las prostitutas o al ocasional robo que había terminado con la vida de un agente de cambio. Ahora, un asesino elegía el tren para perpetrar sus crímenes.

Mientras la prensa ponía el acento en la búsqueda del femicida cruel que disparaba en la nuca de sus víctimas encapuchadas, en el norte de Italia, siempre en la región de Liguria, otra mujer que no estaba relacionada con el mercado del sexo era sacrificada. El 12 abril de 1998, Elisabetta Zoppetti tomó el tren InterCity 631 que une La Spezia con Venecia. La mujer, de 32 años, había viajado durante el fin de semana de Pascua hasta Lavagna, en el este de Génova y muy cerca de la playa, para visitar a sus suegros.

Casada y con hijo de 4 años, Elisabetta era muy responsable en su trabajo y se volvió antes sola a su ciudad de residencia. La mujer se desempeñaba como enfermera en el Instituto del Cáncer de Milán y tomaba su guardia ese domingo de Pascua a las 10 de la noche. El plan era que ella viajaría temprano ese domingo para llegar en horario al trabajo y su esposo Giulio Pesce, junto al hijo de ambos, tomaría el primer tren, el lunes a la mañana.

Después del fin de semana largo, Giulio Pesce acompañó a su mujer a la estación y aguardó en el andén hasta que la formación arrancó de la estación de Génova, apenas pasadas las 2,20 de la tarde. Elisabetta descansaba en su camarote y, a mitad de camino, se levantó para ir al baño.

No percibió que un hombre la había estado mirando desde hacía rato ni que recorría el pasillo con insistencia obsesiva. Tampoco reparó en que la estaba siguiendo a ella cuando se encaminó a la cabina del baño. Apenas entró, el hombre usó una llave maestra para violar la cerradura y atacarla en ese reducido espacio del tren. Forcejearon por unos instantes y hasta es muy probable de Elisabetta gritara pidiendo ayuda sin que nadie la haya escuchado. Es muy probable que el propio ruido del tren haya silenciado su desesperación.

Un hombre que la superaba en fuerza le quitó la chaqueta que llevaba y cubrió con ella su cabeza. Inmediatamente, le disparó encima y se marchó. El hecho se produjo alrededor de las 15 horas, cuando el convoy estaba próximo a su destino. Nadie fue al baño en los minutos que quedaban para llegar a la estación. El cuerpo de la enfermera fue hallado recién cuando los guardias del tren daban una recorrida de rutina a lo largo de la cadena de vagones.

Segundo ataque

Sin que la policía pudiera atar cabo alguno hasta ese momento, «El asesino del tren» embistió de nuevo cobrándose otra víctima.

El sábado 18 de abril de 1998, a menos de una semana de la muerte de la enfermera, María Ángela Rubina se convirtió en la siguiente. La mujer, de 29 años, se desempeñaba como camarera y había abordado el expreso Génova-Ventimiglia. Como su antecesora, en un momento del trayecto, la chica decidió ir al baño.

Elisabetta y María Ángela fueron víctimas de Donato Bilancia en el baño de un tren. Por estos crímenes se lo conoce también como «El asesino del tren».

Pero apenas se sentó en el inodoro, la puerta se abrió con fuerza. Alguien con una llave maestra entró al cubículo. Se desconoce si tenía alguna otra intención además de matarla. Más allá del forcejeo de rigor, no se hallaron rastros de violencia o acceso carnal a posteriori. El modus operandi del asesino se replicaba invariable como los negativos en copias fotográficas. Con el propio suéter de la víctima, el hombre tapó la cabeza de la chica y la mató de un solo disparo en la nuca.

Pero en esta ocasión no fue tan prolijo como en las anteriores. A pesar de utilizar la prenda para protegerse del estallido de sesos y de sangre, el asesino se ensució las manos. Las limpió con algunas prendas de la mujer y después se masturbó en ese mismo lugar.

El hecho ocurrió, presumiblemente, cerca de las 23 horas, cuando el tren estaba próximo a la estación de Bordighera, estación en la que se bajó, según se sabría tiempo después.

Otra vez el cuerpo fue descubierto por los guardias del tren. La chica estaba de rodillas contra la pared. Pero el asesino había cometido un grave error: había eyaculado sobre la ropa y el muslo desnudo de la víctima. De este modo, había facilitado una muestra abundante y reciente de su propio ADN.

Sin embargo, las investigaciones no eran concluyentes: había un asesino de prostitutas, que se movía en un Mercedes negro y otro que mataba al azar mujeres en el tren. También había un agente de cambio muerto y un revólver 38 como factor común entre todos los crímenes. Las hipótesis parecían señalar que se trataba de una misma persona, pero no había certezas.

En poco más de un mes, la policía científica había analizado muchas balas y estaba a la espera de los resultados del ADN. Sin embargo, conocer el mapa genético del asesino no necesariamente ayudaba mucho a encontrarlo. Con o sin antecedentes penales, no existía en Italia, ni un ningún país del mundo un registro nacional de ADN en ese entonces. Habría que reforzar la seguridad, apuntar a un sospechoso y recién después tomar una muestra para cotejar.

En definitiva, había que esperar; es decir, darle tiempo al asesino para que volviera a actuar y entonces poder atraparlo.

Una extraña mescolanza de crímenes

Todo el cuerpo de carabinieri del norte de Italia estaba en sobre aviso: mujeres, prostitutas o no, estaban en la mira. Porque en orden cronológico, entre el primero y el segundo ataque en el tren, otra trabajadora sexual había sido hallada muerta.

El martes 14 de abril una muchacha que se hacía llamar Kristina Valla, de 21 años, se convirtió en una más de la larga lista que parecía no tener fin. Nacida en Albania con el nombre de Mema Valbona, había llegado a Italia, al igual que muchos otros inmigrantes que huían de la pobreza, y se había radicado en Pietra Ligure, como su compatriota y primera víctima, Stela Truya, y como las otras mujeres inmigrantes devenidas prostitutas para sobrevivir, Ljudmila Zubskova y Evelyn Eshoe Enddoghaye o Tessy Adobo.

Algunos testimonios indicaron que Mema Valbona se había subido a un Opel Kadett, muy entrada la noche y que a partir de entonces no se supo nada más de ella.

A la mañana siguiente, un vecino que ocasionalmente caminaba al costado de la ruta advirtió a la policía sobre un bulto raro detrás de unos matorrales. Y llevado por la corazonada de que no se trataba de un perro muerto o de alguna otra cosa de poca trascendencia, el inspector Francisco Benfante fue el primero en llegar al lugar.

Tuvo razón, a pocos metros de la Autostrada E80, la ruta que conecta Portugal con Turquía, desviándose por un camino de tierra, estaba Mema. Su cuerpo se hallaba ligeramente oculto por unas matas, la cara contra el piso y de rodillas. Puede que haya mantenido relaciones sexuales con el asesino, porque tenía su

Elisabetta Zopetti trabajaba como enfermera en el Instituto del Cáncer de Milán. El domingo de Pascua de 1998 fue asesinada en el tren que la trasladaba desde Génova.

falda puesta el revés. Una parka le tapaba la cabeza y parte del torso. Había sido asesinada con un disparo en la parte posterior de la cabeza, efectuado a pocos centímetros.

Se sumaban las muertes y se repetía, al menos entre las víctimas femeninas, un mismo ritual y modus operandi: hacerlas poner de rodillas probablemente, cubrirles la cabeza con una de sus prendas y dispararles a quemarropa.

¿Por qué motivo el asesino cubriría la cara de las víctimas? ¿Solo se protegía de la sangre que salpicaban los disparos? ¿O se protegía de algo vinculado a la culpa que podía mancharlo y afectarlo de modo más profundo?

Cada vez que la policía empezaba a dar forma a una idea y creía haber encontrado un rumbo claro a la investigación, otra muerte lograba desconcertar a los investigadores.

El 21 de abril de 1998, en una estación de servicio en Arma di Taggia, una pequeña localidad de Liguria, un hombre era ejecutado. Alrededor de las 23 horas de ese lunes, Giuseppe Mileto le había despachado combustible a un cliente y se preparaba para cobrarle. Pero el cliente no estaba dispuesto a pagar. Cuando el depósito estuvo lleno, se percató de que no había otras personas en la estación de servicio ni cámaras de seguridad que pudieran registrar el hecho. Entonces, en lugar de su billetera, sacó un revólver y disparó tantas veces como balas tenía en el arma.

Giuseppe Mileto, de 51 años, fue encontrado horas después por un cliente que viajaba por la Austostrada 10 camino a Génova y que se detuvo a cargar combustible.

Mujeres con balazos en la cabeza y hombres ejecutados: esta era la información con la que contaba la policía. Si estaban todos los crímenes relacionados o no, todavía no era algo confirmado. Lo cierto era que la ola de crímenes ocupaba cada vez más espacio en los medios de comunicación, a la vez que comenzaba a aterrorizar a todo el mundo por igual. Era lógico, un asesino de 17 crímenes da miedo a cualquiera.

Capítulo 5

CASOS ABIERTOS Y MUCHAS DUDAS

«Todo lo que existe nace sin razón, se prolonga
en la debilidad, y muere por casualidad.»

Jean-Paul Sartre, filósofo, escritor y activista
político francés.

Los investigadores acumulaban en sus oficinas los diferentes casos de crímenes y lo que en un momento se identificaba como una pista pronto se desvanecía. Si fueran dos asesinos, uno el que había ejecutado a las prostitutas y otro el que había matado en el tren, todavía quedaba un misterio por resolver: el caso de Enzo Gorni que parecía muy distinto al resto de los casos y sí tenía relación con uno de los crímenes del año 1997, donde el móvil había sido el robo, como en el caso del agente de cambio.

Para poder avanzar con la investigación, la RIS cotejó los datos de las muertes que habían acaecido en los últimos tiempos y determinó que habían sido ejecutadas con el mismo revólver calibre 38. Esa conclusión obligó a los investigadores a dejar los casos abiertos y empezar a indagar nuevamente otras muertes ocurridas en 1997 en las que el motivo hubiera sido el robo.

Hacia mayo de 1998, la policía orientó su búsqueda a un solo hombre. Entre sus registros, habían hallado varios casos que habían quedado sin resolver y tenían la sospecha de que se trataba del mismo asesino.

Carla y Mauricio

En octubre de 1997 Maurizio Parenti y Carla Scotto habían regresado de su luna de miel. Sin embargo, la felicidad de la pareja se esfumaría de repente por los planes que el asesino había preparado para ellos.

El viernes 24, el asesino ejecutó el plan que había premeditado para entrar en la casa del matrimonio: conocía a Maurizio, sabía que era coleccionista y lo interceptó en la calle con la excusa de mostrarle unos relojes que tenía para vender.

El coleccionista confió en su interlocutor y lo dejó pasar al apartamento. Era de noche y su esposa ya dormía en la habitación, podía dedicarle unos minutos al vendedor de relojes. Aguardó a que abriera la bolsa donde supuestamente les guardaba, pero el despiadado embaucador en realidad llevaba cinta adhesiva y un par de guantes.

Apenas en unos segundos, el asesino tomó por sorpresa al dueño de casa, quien quedó maniatado y sujeto a una silla sin poder defenderse. Los ruidos ocasionados para reducir a Parenti despertaron a su esposa, que llegó rápidamente a la cocina para ver qué sucedía y también fue reducida y amordazada por el mismo hombre que había engañado al pobre Maurizio.

A punta de pistola, Maurizio Parenti confesó rápidamente en qué lugar de la casa se encontraba el dinero. Con cierta serenidad, el ladrón tomó de la caja fuerte los 13 millones y medio de liras en efectivo —unos 6.700 euros—, los relojes y algunos cheques que también formaban parte del botín. Con el tiempo se supo que intentó revender los relojes y que había descartado los cheques porque eran demasiado incriminatorios.

Una vez que guardó el dinero, el asesino llevó al matrimonio de la cocina a la habitación. Algunas fuentes indican que los hizo desnudar —otras no se detienen en ese detalle— y los empujó encima de la cama. Allí, presumiblemente imaginando el destino que les esperaba, Maurizio apoyó la cabeza en el vientre de su

Maurizio Parenti y Carla Scotto fueron ejecutados en su propia casa. Presumiblemente, Bilancia cometió el asesinato por venganza.

esposa. Fue su último movimiento: el asesino lo cubrió con una manta y le disparó dos veces en la cabeza. Una bala le atravesó el cráneo y la otra se introdujo en el vientre de Carla, que fue ejecutada acto seguido con dos balazos en el pecho.

María Luigia y Bruno

Tres días después de la muerte de Maurizio y Carla, el asesino se puso nuevamente en marcha, en la búsqueda incansable de dinero.

El lunes 27 de octubre siguió a Bruno Solari por algunas manzanas hasta el edificio donde vía. Una vez seguro de que el hombre había llegado a su apartamento, tocó timbre y con la excusa de tener una correspondencia certificada que merecía la firma del jubilado, logró que le abrieran la puerta de entrada.

Solari y su esposa María Luigia ya estaban jubilados y eran conocidos en el barrio por la joyería que tenían.

Una vez en la puerta del apartamento, al asesino le fue fácil traspasar el umbral sin problemas: se conocían. Cerró la puerta, apuntó al hombre y lo conminó a decir dónde escondía los valores de la casa. Le pidió que se quedara tranquilo, y a continuación lo liquidó a sangre fría. En ese mismo instante, se acercó a la mujer, a la que le confirmó que se trataba solo de un robo y luego la silenció con un par de disparos.

El ladrón y asesino tomó el botín y se fue tal como había venido, caminando tranquilamente por la acera. Algunas fuentes señalan que, para demostrar tranquilidad o más bien absoluta sangre fría, bajó las escaleras silbando como si nada hubiera pasado.

Luciano Marro

El 13 de noviembre de 1997, en la localidad de Ventimiglia, Luciano Marro pasó a engrosar la lista de los casos abiertos de la policía italiana. El hombre, propietario de una agencia de cambio, salía todos los días a sacar la basura y dejaba la puerta de su local entreabierta.

Tras varios días de vigilancia, el asesino tomó nota de este detalle y ese jueves 13 entró en el local.

Las cosas se sucedieron muy rápido y Luciano Marro no tuvo tiempo de reaccionar, a punta de pistola vació la caja fuerte y, cuando hizo un mínimo movimiento brusco, fue ejecutado sin más. El asesino le vació todo el tambor de su conocido revólver calibre 38 en la cabeza y se retiró con un botín de 45 millones de liras.

Giangiorgio Canu

El robo seguido de muerte fue el móvil de los crímenes del año 1997. Sin embargo, también mataba sin una razón aparente: el 25 de noviembre de 1998 asesinó a un guardia de seguridad nocturno. Mientras Giangiorgio Canu cumplía con su trabajo en el área suburbana de Génova, el asesino, que lo había estado siguiendo y aprendiendo cada una de sus rutinas habituales por varios días, se le acercó y le disparó varias veces. A continuación, seguro de no haber sido visto, se retiró tranquilamente de la escena del crimen.

Demasiadas muertes en un plazo demasiado corto. El Cuerpo dei Carabinieri formó un equipo especial para rastrear y atrapar asesinos en serie. Sin embargo, a este desmadre de informaciones cruzadas, trenes, robos y asesinatos, todavía le faltaban meses de investigación para dar con el hombre más buscado de Italia.

Capítulo 6

TRAS LA PISTA
DEL MERCEDES

«**Para mí ese hombre está loco.**»
Umberto Garaventa, abogado defensor del asesino.

La investigación prácticamente no avanzaba y la vigilancia que la policía había establecido en las estaciones de tren o en los lugares donde trabajaban las prostitutas no era suficiente.

Es probable que, siguiendo la cronología, se pudiera deducir que la lista de muertes había comenzado con la finalidad de obtener dinero, pero conforme pasaba el tiempo el asesino había sumado los favores sexuales gratuitos... ¿y después? ¿El placer de matar en el baño de un tren? ¿Masturbarse frente a un cadáver? Si había un solo individuo detrás de los crímenes, evidentemente, había encontrado en el hecho de matar una satisfacción que ya no se emparentaba con el dinero ni con el desahogo sexual.

Además de las conjeturas que hacían, los investigadores analizaban cuáles serían las razones por las que el asesino mataba a quemarropa y no tomaba ningún recaudo para ocultar el crimen, además de ser desprolijo, los cuerpos quedaban a la vista y dejaba pruebas y rastros. Aferrándose a la pista más cierta y con mejores perspectivas, los carabinieri buscaban un Mercedes Benz oscuro del que al menos tenían un par de letras de su matrícula.

¿Quién es Walter?

Por la descripción de la única superviviente que estuvo en el coche —Lorena Castro—, y la de ocasionales testigos, se pudo determinar que el modelo del Mercedes que buscaban era relativamente nuevo, se trataba de un 190 o 200.

Con las letras de la matrícula que tenían, los investigadores hicieron una pesquisa exhaustiva de los registros de automóviles y descubrieron el nombre de un propietario: Pino Monello. Sin embargo, aunque fue relativamente fácil dar con él, Monello aseguró haber vendido el coche hacía mucho tiempo a un tal Walter.

¿Era ese Walter, en definitiva, el asesino? ¿Estaban ahora sí más cerca del «Monstruo de Liguria» como había sido apodado por la prensa?

Con todo el norte de Italia a la expectativa, los carabinieri redoblaron el esfuerzo y descubrieron que el Mercedes Benz negro que estaban buscando había cometido una serie de infracciones de tránsito en los últimos tiempos, y que las fechas y horarios coincidían con algunas de las muertes. Consultada la policía de tránsito con el retrato robot más la información del coche, pronto se tuvo en la mira a otra persona. Ya no era Pino, el exdueño del coche, ni tampoco era Walter, otro hombre se escondía detrás de ese seudónimo.

El Cuerpo dei Carabinieri en su conjunto estaba detrás de su mejor pista: Donato Bilancia.

Sin embargo no lo detuvieron en ese momento, sino que ejercieron sobre él una discreta, inteligente y exhaustiva vigilancia. Necesitaban asegurarse de que estaban detrás del hombre correcto y se dieron a la tarea de conseguir una muestra de ADN, para poder compararla con la que ya tenían en el registro. Es decir, la de su propio semen, que habían obtenido de la boca y la vagina de las prostitutas muertas, además de la hallada en el cuerpo de la mujer asesinada en el tren. Si lo lograban, Donato Bilancia, el presunto asesino, estaría en sus manos.

Armada de paciencia, la policía le vigilaba y su espera fue recompensada. Mientras iba fumando por la calle, Bilancia acostumbraba a descartar las colillas de cigarrillo tirándolas en el suelo. Ese fue el hecho que utilizó la policía para llevar a cabo su objetivo de recoger muestras: levantó las colillas, las colocó en una bolsa y las envió al laboratorio.

Días después, localizado el bar donde Donato Bilancia iba todos los días a tomar un café, rescataron una taza, en la que presumiblemente había huellas de saliva, y por ende de ADN, y también la mandaron analizar. La coincidencia del código genético de la taza, las colillas y la muestra que esperaba ser cotejada fue del 100%. Finalmente, había llegado la hora. La policía tenía certeza sobre la identidad del asesino.

Asesino atrapado

Finalmente, el 6 de mayo de 1998 y en plena vía pública, la policía detuvo a Donato Bilancia. El asesino había ido al hospital San Martino, en Génova, porque no se estaba sintiendo bien últimamente, según sus propias palabras «vivía con cierto nerviosismo» y necesitaba ayuda.

En un primer momento Bilancia se negó a testimoniar, amparándose en el derecho a no declarar contra sí mismo, tal como lo garantizan las leyes de ese país y lo refrenda la propia doctrina jurídica. Pero finalmente, al cabo de unos días y probablemente comprendiendo que su situación estaba comprometida por las numerosas e irrefutables pruebas en su contra, Donato Bilancia terminó por tomar la decisión e hizo su descargo.

Frente al fiscal Enrico Zucca y en más de una jornada, Donato Bilancia declaró todos sus crímenes siguiendo la larga lista completa y detallada. Sin mostrar empatía con las víctimas ni signo alguno de arrepentimiento, el asesino describió con frialdad el modo en que había cometido cada uno de los diecisiete asesinatos que había cometido a sangre fría.

Donato Bilancia, que había sido detenido por la sospecha de dieciséis homicidios, ahora agregaba uno más en el extenso inventario de su confesión.

Donato habló

La víctima número 17 que la policía no había registrado era Giorgio Centenaro. El 17 de octubre de 1997 había sido hallado muerto en su domicilio. La causa del deceso se atribuyó entonces a un sorpresivo paro cardiorrespiratorio, por lo que el caso fue cerrado sin novedad. Pero las circunstancias de su muerte fueron muy distintas.

Según le confesó el propio Donato Bilancia al fiscal Zucca, Centenaro y el asesino eran «compañeros de juego» y en más de una ocasión se encontraban en distintos locales donde se apostaba al póker. Según lo que sospechaba Bilancia, Centenaro le había invitado a jugar una partida con cartas marcadas y en consecuencia él había perdido gran cantidad de dinero.

Por ese motivo, el asesino planeó su venganza: tomó la matrícula del coche de la víctima y se dirigió al Automóvil Club Italiano (ACI) con una excusa pueril. Allí le facilitaron la dirección del propietario del coche en cuestión sin demasiadas reservas. Con ese dato en sus manos, Donato Bilancia simplemente esperó a que la víctima regresara a su casa y lo interceptó en la puerta de su domicilio. Sorprendido por la hora, eran alrededor de las 4 de la mañana cuando el asesino encontró a su víctima, y Centenaro no supo negarse cuando Bilancia le provocó: «Vamos a tu casa, vamos a jugar ahora un poco tú y yo». Y ambos subieron con la aparente intención de comenzar una partida de naipes. Una vez en el apartamento, las cosas cambiaron rápidamente.

Donato Bilancia obligó a su amigo a quedarse en calzoncillo y camiseta y, munido de una cinta adhesiva, le ató las manos y le cubrió la boca. Después comenzó a taparle la nariz de a ratos, es decir que le dejaba respirar por intervalos cada vez menores, mientras le explicaba los motivos que tenía para torturarlo como lo que estaba haciendo.

Además, consideró que no sería prudente hacer un disparo a esas horas: en el ático donde vivía su víctima, el estruendo despertaría a todo el vecindario, por lo que aplicó la técnica de la asfixia hasta que finalmente acabó por matarlo. Y para confirmar su muerte, pateó los testículos de la víctima, le desató y se retiró tranquilamente del edificio.

Análisis posteriores a la confesión de Donato Bilancia, aseguran que el asesino no usó sus manos para asfixiar a Centenaro, porque la víctima no presentaba pruebas físicas, sino que le había ahogado con una almohada. Cuando lo encontraron muerto, nadie reparó en los restos de adhesivo que sin duda le habían quedado en las muñecas y en los tobillos.

Después de confesar su primer crimen, Bilancia no pudo detenerse y siguió con las prostitutas, los guardias de seguridad y la lista completa de todas sus víctimas.

Del 14 al 16 de mayo de 1998, Donato Bilancia declaró ante el fiscal dónde y cómo había matado a cada una de sus víctimas y hasta incluso colaboró con la investigación policial detallando a través de unos diagramas hechos por su propia mano, la ubicación en la que había abandonado los cuerpos, así como las fechas y los datos que recordaba de cada asesinato.

Producto de sus propios dichos y del allanamiento llevado a cabo en el domicilio de Donato Bilancia, se encontró el revólver calibre 38, Smith & Wesson con cortador de taco y una gran cantidad de balas. Se hallaron además varios juegos de esposas y la cinta adhesiva que había usado en el doble asesinato del matrimonio Parenti.

Se supo que Bilancia se ocupaba meticulosamente de no dejar huellas digitales y, probablemente para demorar la identificación, especialmente en el caso de las prostitutas, se había llevado sus pertenencias. Finalmente, el propio Donato Bilancia confesó que los lugares donde había decidido matar a las chicas no fueron elegidos en el momento o al azar; sino que, en todos los casos, él conocía la zona y el movimiento de personas que había alrededor de la hora en la que planeaba llevar allí a sus víctimas. Aunque Donato Bilancia intentó eliminar sus huellas de las escenas de sus crímenes, hizo poco o ningún esfuerzo por ocultar los cuerpos, hecho que lo diferencia de la mayoría de los denominados asesinos en serie.

Las conclusiones a las que arribaron los fiscales psiquiatras, Rossi, Boy y De Fazio, fueron contundentes: existía una alteración en el comportamiento en Donato Bilancia, pero esto «no afectó la capacidad de comprender la realidad de los crímenes que cometía». Resumiendo, era responsable e imputable jurídicamente por los asesinatos que había cometido.

De acuerdo con el informe de los fiscales, básicamente, la psicopatía representa un cuadro clínico clasificado como un trastorno de la personalidad, que incluye un conjunto de rasgos de naturaleza impersonal, afectiva, conductual y antisocial. Los psicópatas, como Donato Bilancia, se caracterizan por poseer un encanto superficial y narcisista, también por mentir de manera patológica, así como por emplear con maestría la manipulación y el engaño.

En cuanto a la faceta afectiva, se destaca en ellos la falta de sentimientos de culpa, la ausencia de empatía y las emociones superficiales, junto con la incapacidad de responsabilizarse por los actos cometidos.

Con relación a su estilo de vida, predomina la irresponsabilidad en el cumplimiento de obligaciones, así como la búsqueda de la excitación, la impulsividad, la falta de metas realistas y un ánimo de vivir a costa de los demás.

Donato Bilancia declaró que siempre actuó solo.
A medida que relataba sus crímenes, abreviaba los
detalles. Fue condenado por los diecisiete asesinatos
a 13 cadenas perpetuas y tres años de aislamiento.

Finalmente, por lo que se refiere a la faceta antisocial, los psicópatas como Donato Bilancia muestran una notable falta de autocontrol, problemas precoces de conducta, delincuencia juvenil, una amplia versatilidad delictiva y el quebrantamiento de las condiciones de libertad vigilada o condicional.

Con diecisiete asesinatos en su haber, Donato Bilancia aclaró una y otra vez, ante el fiscal y también ante su propio abogado, que había actuado siempre solo y por su propia cuenta.

La condena

Después de confesar ante el fiscal de Génova, Enrico Zucca, Donato Bilancia permaneció con prisión preventiva a la espera del juicio, que comenzó el 18 de febrero de 1999. Enfrentaba veintiséis cargos criminales, que se habían sucedido en un período que abarcaba desde el mes de octubre de 1997 y a abril de 1998.

Las partes demandantes, familiares o de oficio, se fueron presentando de a una y él, que había confesado sus crímenes y atendido los requerimientos de los psiquiatras, volvió al ostracismo de los primeros días permaneciendo en silencio: participó de algunas audiencias, pero a partir del 20 de mayo de 1999 declinó su derecho de acudir a los tribunales y esperó el veredicto tras las rejas sin decir nada más.

«En plena posesión de sus facultades mentales», tal como determinaron los especialistas y dada la confesión, solo restaba escuchar a familiares de las víctimas y a las dos supervivientes de su furia asesina: Lorena Castro y Luisa Cimminelli. El informe psiquiátrico no atenuó su condena. Por el contrario, fue condenado por el tribunal a 13 cadenas perpetuas (aunque algunas fuentes refieren 14) y a tres años de aislamiento diurno. Esta misma sentencia se confirmó en dos instancias superiores a las que recurrió la defensa para intentar revertirla.

Capítulo 7

EL CASO LORENA CASTRO, PASO A PASO

«Lo llevé a bordo sabiendo que era un travesti, o
más bien por esto.»

Donato Bilancia

D onato Bilancia fue uno de los asesinos en serie más pro-
líficos y destacados de la historia moderna de Italia, su
confesión y el aporte de los testigos se hicieron públicos
con rapidez. El propio Bilancia relató cómo había preparado la
escena para el crimen de Lorena Castro, que no alcanzó a con-
cretar, ignorante de que se había salvado tras su ataque.

El plan

Durante su confesión, el 15 de mayo de 1998, Donato Bilancia se
explayó con el fiscal Enrico Zucca:

«El lugar es Barbellotta y estoy con el Mercedes. Como siempre, lo primero que hice fue ir a ver el lugar. El portón tenía un
dispositivo, de esos que se abren con el control remoto. Pero
me acerqué a la puerta y me di cuenta de que estaba desac-
tivado. Abrí el portón con las manos y lo dejé abierto. Subí al
coche y di una vuelta por el lugar. Había un camino de tierra
que subía y llegaba hasta una casa. Me aseguré de que la casa
estuviera vacía subiendo y dando vueltas para detectar algún
movimiento. No había nadie y me fui.

Por la tarde regresé con esta persona —se refiere a Lorena Castro—. Cuando llegué al portón fingí tener el control remoto y usarlo para abrir el portón. Di unas vueltas por la villa, pero no fuimos a la casa. Regresé a donde había un árbol y me detuve en una posición tal que esta persona —otra vez, Castro— no pudiera salir del coche».

El ataque
«Entonces, en este punto, ah... nada, ella había comenzado a desnudarse, cuando descubrió que estaba armado. Probablemente percibió que tenía el arma en el abrigo, pero no se la mostré, eh?... para eso no las amenazaba.

En un momento dos coches entraron a la villa y se acercaron muy despacio, pensé que era la policía, pero no. Eran dos Fiat Panda de los guardias del lugar. Intenté distraerles, pero se bajaron de los coches y quisieron saber si era el dueño de la casa.

La persona que me acompañaba —Bilancia nunca se refiere a Lorena por su nombre— les advirtió de que yo podría usar la violencia y empezó a gritar. Yo insistía en que todo era un malentendido y que no había pasado nada. Pero uno de los guardias no se convenció y le gritó al otro:

—No, llama a la central.»

A esta altura del relato, la situación se encuentra ya en su máxima tensión. Los guardias están en alerta pidiendo ayuda y Lorena Castro intenta bajar del coche.

«Insisto en que no pasa nada, pero siguen —se refiere a los guardias— en la suya. Estaban los dos a pocos metros de sus coches y yo disparé un tiro al que estaba parado. El otro llegó al coche e intentó llamar a la central y también le disparé. No me di cuenta quién de los dos era el mayor, hice un disparo al que estaba parado y dos al que estaba en el coche. Se desplomaron a la tierra.

Mientras tanto, el joven que estaba conmigo salió del coche, no sé cómo, creo que por la puerta de atrás. Debe haber saltado atrás y luego bajó, no lo vi. Pero corrió hacia unos arbustos cercanos y le disparé dos veces.

En un principio, antes de que todo esto pasara, cuando percibí que los dos coches merodeaban, pensaba esperar que estacionen y, mientras se bajaran a hablar, escaparía. Pero ellos estacionaron de manera tal que me habían cerrado el paso».

La huida

Bilancia se dispuso a huir después de matar a los dos guardias. En este instante, creyó que Lorena Castro también estaba muerta.

«Estaba dispuesto a irme cuando escuché quejidos provenientes de los arbustos y volví para eliminar a esta persona. Pero tuvo una actitud que no esperaba, se abalanzó sobre mí y me atacó. Me defendí y disparé varias veces. Creí que había muerto.

Volví al coche y recargué el revólver. Les disparé a los guardias, saqué del camino al Panda que no me dejaba salir con el coche y me fui.

Nunca antes había visto o conocido al joven que había cargado en el coche. Lo llevé a bordo sabiendo que era un travesti, o más bien por esto y me vi obligado a acabar con los otros dos. No conocía la zona y no me llevé ni toqué nada de ellos, para no tener pruebas, ni dejar huellas».

Pistas eliminadas

«Sí quedó en el coche un teléfono móvil del joven que venía conmigo y lo tiré a la basura. Lo mismo hice con su bolso y su ropa, todas cosas de poco valor. Las fui arrojando a diferentes contendedores de basura, después de ser cuidadosamente colocado en varias bolsas, y ciertamente no cerca de mi casa. Las operaciones de embalaje las hice en el coche». Consultado sobre en qué hora recuerda que sucedieron los hechos y que sucedió después,

Donato Bilancia se explayó ante el fiscal: «no era muy tarde, quizás podrían haber sido las dos en punto. Pero no me acuerdo muy bien.

Después de esto, claramente creí que seguir circulando en el Mercedes no era lo mejor para mí. Más cuando supe que el travesti seguía vivo. Entonces fui a robar un coche a Corso Gastaldi, ahora no recuerdo el número de la casa... pero no tuve suerte, hasta que encontré uno con las llaves puestas, creo que era un Opel, de color claro.»

Y siguió: «Cuando hago estas cosas, incluso cuando robo, nunca uso mis manos. De hecho, probablemente en el coche del vigilante nocturno no quedaron huellas digitales, porque no toqué nada: abrí la puerta con los nudillos de los dedos y tampoco toqué nada adentro.»

Donato Bilancia terminó aclarando que siempre trabajaba solo:

«Quiero aclarar que nunca me ensucié con sangre, excepto en el episodio de Barbellotta. Allí me manché la camisa, creo, por el chico que estaba conmigo. Pero tiré mi camisa y mi abrigo, porque estaban llenos de barro.

En resumen, si hay alguien en Barbellotta que está vivo, puede confirmar... ¿Cuántos éramos? Estaba solo. Y en Ventimiglia, ¿cuántos? Solo. Será bastante comprensible que este es un hombre que actúa solo. Lo único que no quiero es involucrar a personas que han estado cerca de mí. Punto».

Algunos testimonios más

Lorenza Chessa, vecina de Barbellotta, dormía la noche del martes 24 de marzo de 1998 cuando el vuelo de unas aves la despertaron. Recordó entonces haber escuchado claramente los primeros cinco disparos y después de un corto tiempo, tres más. Pensó que se trataba de cazadores.

Fernando Antonio Costante, compañero de trabajo de Randò y Gualillo en el Instituto de Vigilancia Novi Ligure, estaba de servicio esa noche y recibió a las 2.02 de la madrugada el pedido de auxilio de Lorena Castro, quien herida había llegado a tomar la radio. Le escuchó decir «ayúdame» y al principio pensó que se trataba de una broma, porque todo parecía tranquilo en esa ronda. Pero a los pocos minutos, la misma voz repitió «ayúdame, estoy herido» y le dio su ubicación. Costante se comunicó de inmediato con la policía, que arribó a la villa pocos minutos después.

El mariscal de los carabineros, Giuseppe Oceani, en base a la información técnica de los peritos, consignó en su informe del caso que «El doble asesinato tuvo lugar frente a una villa ubicada en el número 1, en via Serravalle, cuyo acceso consiste en una puerta actualmente abierta. Inmediatamente después hay una avenida arbolada de unos 200 metros de longitud, a lo largo de la cual se había encontrado el primero de los dos Fiat Panda de servicio. El segundo vehículo fue encontrado al final de la avenida, después de los últimos árboles y justo antes de la escalera que conduce a la villa: en ese mismo espacio abierto, estaban los cadáveres de Gualillo y Randò. El primero estaba en decúbito prono (boca abajo) con la cara hundida en el suelo, aún sosteniendo el micrófono de la radio de servicio, mientras que el otro se encontraba detrás de la parte posterior del Panda, tumbado en el suelo boca abajo, con la pistola todavía metida en su cinturón».

Siguiendo con el informe de Oceani, «en otra área, ubicada a la izquierda del último árbol de la avenida, fueron encontrados algunos rastros potencialmente significativos para los propósitos de las investigaciones: dos hojas empapadas de sangre, un arete de oro, una colilla de cigarrillo, un paquete de cigarrillos de la marca "Marlboro", un recibo y un aparente mechón de cabello».

La versión de Lorena
Expuestas ya las palabras del victimario, también la víctima coincidió en el relato de los sucesos de aquella noche fatídica.

Su testimonio fue parte del juicio contra Donato Bilancia. Su tratamiento es en tercera persona y a los efectos legales, Lorena Castro es, en realidad, John Zambrano.

«El testigo informó que la noche del incidente, alrededor de las 2.00, se prostituía y había sido abordado por un Mercedes oscuro, cuyo conductor le había preguntado los servicios que ofrecía y las tarifas. El cliente lo había invitado a subir indicándole que irían a su propia casa. El hombre no había especificado qué tipo de servicio sexual quería, ni el testigo le dijo que era transexual. De hecho, en su opinión, ese cliente ni siquiera se había dado cuenta de su condición.

Siguiendo por la carretera estatal se habían acercado a la entrada de una villa: aquí el hombre hizo que miraba un poco a su alrededor, tal vez para ver si había alguien allí y pasó la puerta, que ya habían encontrado abierta. Zambrano recordó sobre el punto que, cuando se acercaban a la entrada, el hombre había jugado un poco con el cenicero aplastando un dispositivo que parecía un control remoto.

En ese corto viaje habían intercambiado algunas palabras: el hombre le había dicho que se llamaba Gustavo y le preguntó si podía fumar en el coche, recibiendo consentimiento. Iba vestido con traje y corbata, pantalones elegantes y un abrigo oscuro con cuello alzado. Era muy taciturno y, en el plano físico, era un poco robusto. Su cabello estaba canoso, calculó que tenía entre 50 y 55 años; otro detalle que había afectado mucho al testigo era su tono de voz inusual, muy ronco y profundo.

Volviendo a la ruta interna de Villa Minerva, Zambrano agregó que el hombre había estacionado el coche para que la puerta derecha quedara cerca de un árbol, motivo por el cual no se podía abrir. En este punto, Zambrano se había alarmado un poco, tanto que entendió que debía pedir aclaraciones sobre por qué no habían ido a la casa como el cliente lo había solicitado. Se volvió hacia el hombre y le dijo: "Entonces, ¿qué estás haciendo?"

Bilancia lo miró intimidante y le dijo que se desnudara, pero Zambrano ya no lo hizo. Tomó la bolsa dentro de la cual guardaba algo con lo que defenderse y agregó: "Está bien, entonces dame el dinero". El hombre respondió que le pagaría después de cumplir con su parte del trato. El testigo miró un poco a su alrededor, pero el hombre le había dicho: "Es inútil que mires a tu alrededor, porque en este momento no hay nadie aquí que pueda salvarte"».

Donato Bilancia obligó entonces a Lorena Castro a colocar su bolsa en el asiento de atrás y sin más agregó: «¿Ya lo has entendido todo?».

En ese momento —continúa el informe— Zambrano, mostrando una considerable dosis de sangre fría, responde: "Está bien, escucha: si es así como lo haces, divirtámonos al menos....". Al hacerlo, trató de comprar tiempo e idear como escaparse. Lentamente se desvistió quitándose su abrigo de piel blanco, top y pantalones cortos. Se quedó solo con las botas, en tanga y medias. En ese momento el hombre le había dicho que comenzarían con una relación oral y Zambrano vio aparecer desde el bolsillo interior de la puerta del lado del conductor, la culata de una pistola, o al menos eso creyó ver. Pensó que su cliente pronto pasaría a la agresión directa.

Siempre tratando de ganar tiempo, le había pedido al cliente que le acariciara la espalda, para distraerlo y poder agarrar sus testículos para inmovilizarlo, pero esto no sucedió porque el hombre no se había excitado.

En este preciso instante, Lorena Castro vio las luces de dos vehículos que se acercaban, que pertenecían a los guardas a quienes les había llamado la atención la presencia del Mercedes en el parque de la villa.

«El testigo pensó que estaba salvado. El cliente le había ordenado que se vistiera, pero Zambrano ya no le estaba haciendo caso.»

Los coches maniobraron para bloquear el paso del Mercedes y dos guardias se bajaron a ver qué estaba sucediendo y qué hacían allí.

«Inmediatamente dijeron cosas como: "¿Qué haces aquí? ¿Sabes que es propiedad privada?" Zambrano inmediatamente comenzó a gritar: "Ten cuidado, ten cuidado que este hombre está loco". En los siguientes segundos, uno de los guardias le había pedido documentos al cliente, que salió del coche y les disparó a los dos, después de intercambiar algunas palabras.

«Zambrano había tenido tiempo de ponerse una bota y pantalones cortos y se había escapado del coche. Mientras corría con dificultad, también porque había nieve en el suelo, había seguido escuchando los disparos detrás de él. En eso oyó una pequeña voz detrás de él que le decía: "¿Dónde crees que vas?".

Luego se detuvo, giró y saltó sobre el hombre. Fue una pelea durante la cual el otro permaneció con el arma en su mano. Repentinamente sintió un golpe fuerte y pensó en tirarse al piso y fingir que estaba muerto. Al caer, había arrastrado un poco al otro quien le apuntó a la cabeza. Gatilló una o dos veces sin éxito, se levantó y corrió hacia el Mercedes. Mientras tanto, Zambrano había escuchado a uno de los guardias, o tal vez a ambos, jadear y quejarse en agonía. Entonces percibió cómo el cliente les había disparado nuevamente y sus quejas habían terminado.

Luego regresó a donde estaba él, para darle el disparo de gracia, pero cuando se acercó, saltó sobre él nuevamente, reanudando la pelea. Durante el cuerpo a cuerpo, Zambrano había escuchado un segundo disparo y sintió inmediatamente un dolor en el abdomen. Pero la lucha continuó unos instantes más, hasta que el cliente le pegó en la cabeza con la culata del arma. Lo siguiente que pudo oír fue el motor del Mercedes a toda velocidad.

Lorena Castro (John Zambrano) estuvo 40 días hospitalizada luego del ataque de Bilancia. Además de las molestias de por vida ocasionadas por las heridas de bala, quedó con una parálisis sustancial permanente de dos dedos de la mano izquierda. Desde el abordaje psicológico, Lorena sufre aún las consecuencias del intento de asesinato que sufrió.

Capítulo 8

LA CONFESIÓN

«**Sí, he sido yo. Las he matado, aunque no sé por qué. No estoy bien, ayúdenme a curarme.**»

Donato Bilancia

Memorioso, lacónico y preciso, así fue el testimonio que dio ante las autoridades judiciales Donato Bilancia. Primero al fiscal Enrico Zucca y luego ante los abogados, el acusado relató cómo abordó y asesinó a cada una de sus 17 víctimas. Donato Bilancia detalló los acontecimientos con el afán de reafirmase como único autor intelectual y material de los asesinatos.

Giorgio Centenaro, 17 de octubre de 1997

Este es el testimonio del asesino, Donato Bilancia, sobre cómo planificó y ejecutó el asesinato de Giorgio Centenaro, su compañero de juego en los naipes, alguien quien, a pesar de no tener una relación íntima con él, debió haber conocido la personalidad de su victimario.

«Le conocía bien... Le seguí hasta su casa, en Génova, y lo esperé hasta tarde (alrededor de las 2 am) cerca de su edificio. Cuando estaba cerrando la puerta principal, logré entrar con él.

Llevaba mi arma conmigo, pero no pude usarla porque el lugar era muy pequeño y tenía miedo de que el ruido del disparo fuera demasiado fuerte. Entonces decidí sofocarlo con una almohada. Pero antes usé una cinta adhesiva (que había llevado) para controlarlo. Luego quité la cinta.

Como ya dije, solo quería matarlo, ese era mi único objetivo. Había alrededor de 500.000 liras sobre la mesa, pero no quería dinero. Recuerdo que le di una patada en sus testículos para confirmar si todavía estaba vivo y perdió algo de orina... Dejé el cuerpo frente a la puerta del apartamento... quería que todos supieran que había sido asesinado».

Esta confesión junto con el relato del intento de asesinato de Lorena Castro fue de las más extensas en el juicio. A medida que avanzaba con el relato de lo que había hecho, se hacía evidente cierto hartazgo en Donato Bilancia, quien simplemente reafirmaba ser el asesino, pero escatimaba en explayarse mucho en detalles.

Maurizio Parenti y Carla Scotto, 24 de octubre de 1997

La muerte del matrimonio Parenti volvió a poner en foco su necesidad de venganza. Maurizio solía organizar partidas en su propia casa y el hecho de encontrarse en la calle a horas aparentemente impropias, no despertó sospechas. Bilancia creía firmemente que había sido engañado por Parenti, quien lo había introducido en algunas partidas en las que había perdido mucho dinero, y también sabía por tanto quién era su asesino.

«Conocía bien a ambos, especialmente al Sr. Parenti y sabía que solía tener guardaespaldas. Lo había estado esperando varias noches para controlar su movimiento, hasta que me decidí. Un día lo esperé hasta las 4 de la mañana e intenté acercarme a él entablando una conversación.

Recuerdo que le dije que tenía algo para mostrarle en un bolso de plástico (siempre lo llevo conmigo, allí guardo una cinta

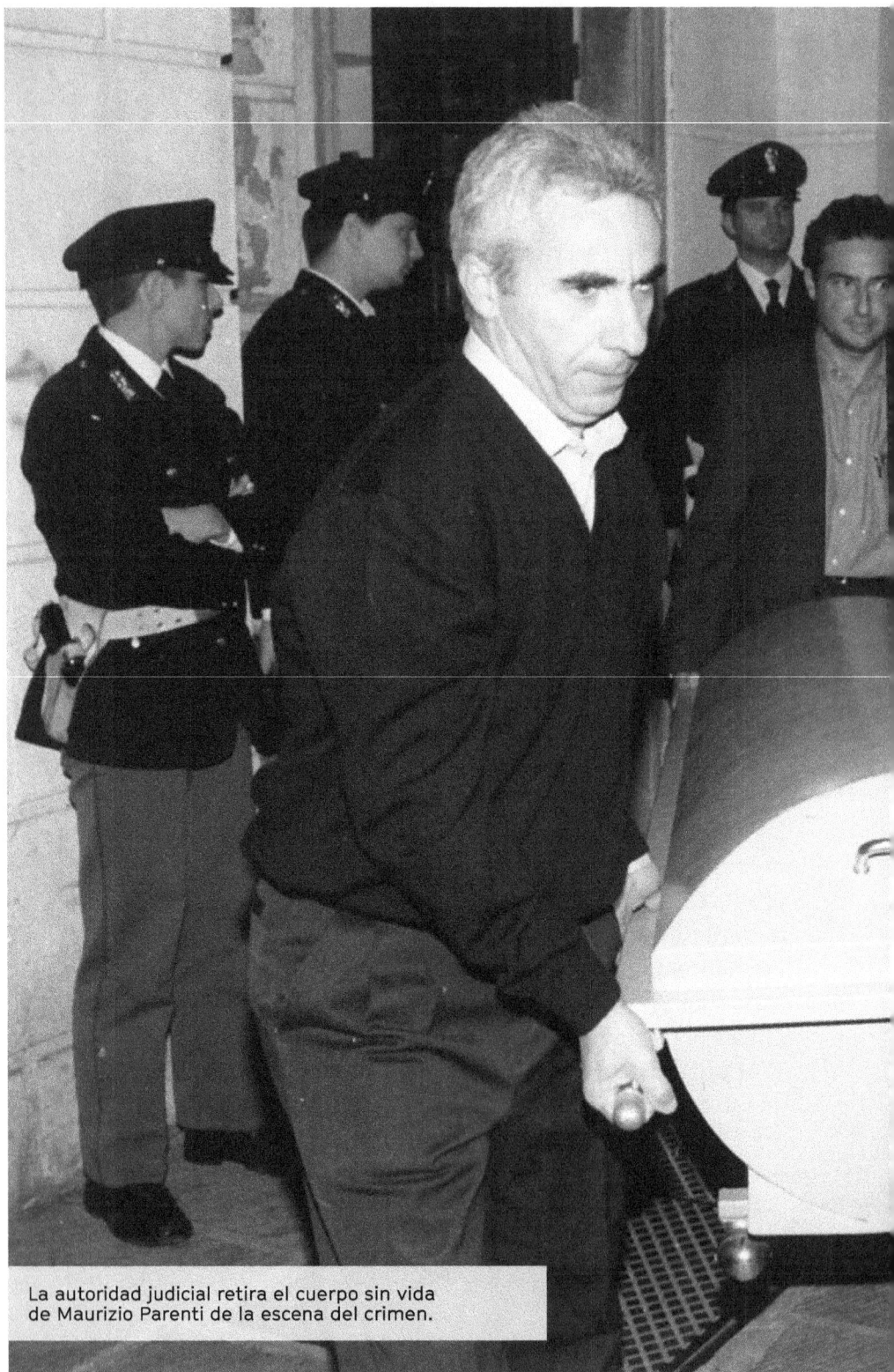

La autoridad judicial retira el cuerpo sin vida de Maurizio Parenti de la escena del crimen.

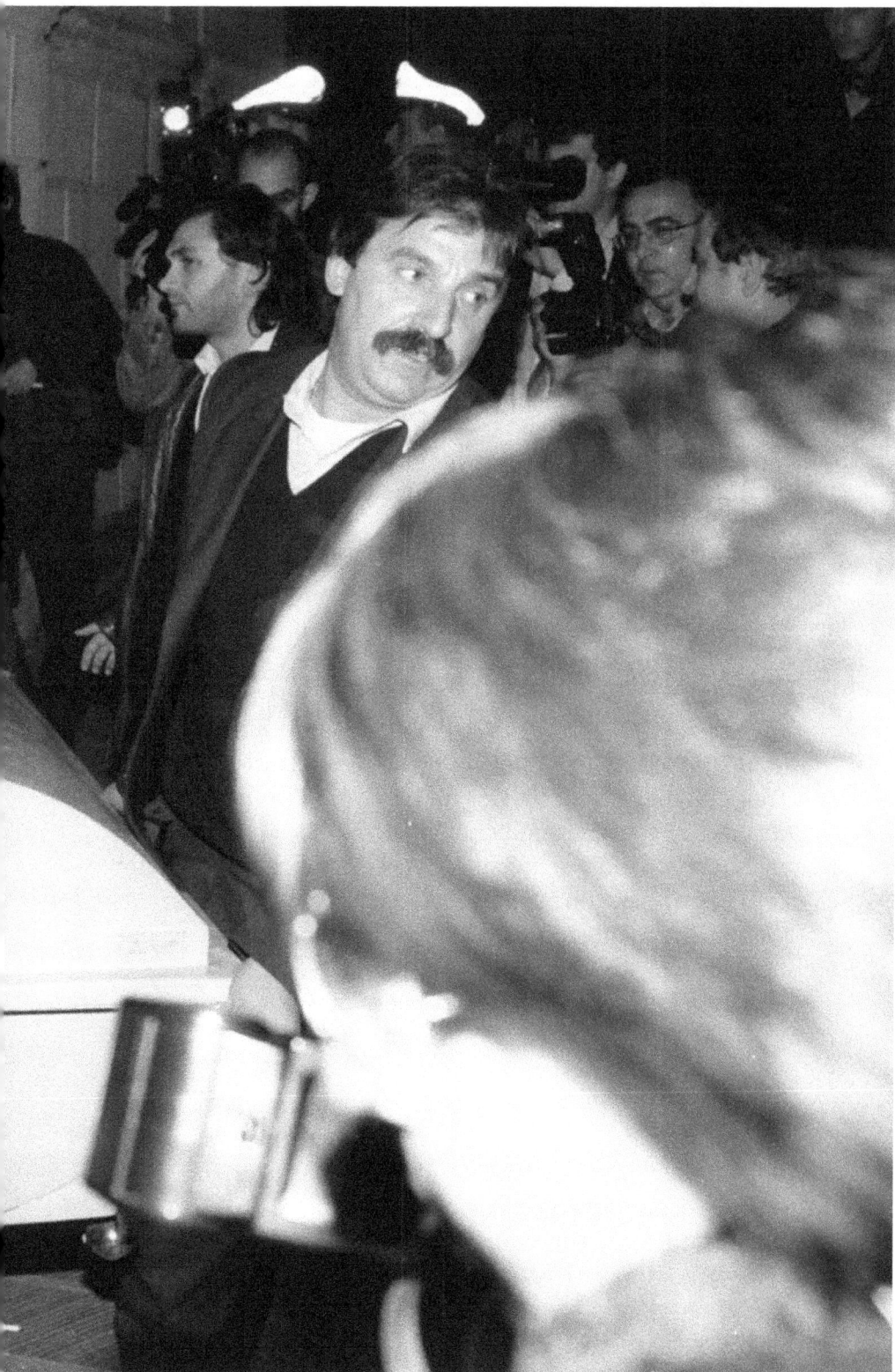

adhesiva y un par de esposas). No parecía sospechar de mí verdaderamente. Entramos juntos e inmediatamente después de que cerró la puerta principal, comencé a amenazarle con mi arma y le esposé. Luego puse la cinta adhesiva en su boca y le dije que no gritara. Su esposa todavía estaba durmiendo. Le pedí que me diera todo el dinero que tenía en la casa y él respondió que estaba dentro de la caja de seguridad de arriba. Entonces su esposa se despertó y también le amenacé con el arma. Luego les forcé a darme la combinación de la caja fuerte e hice que ambos se sentaran frente a la caja fuerte. Vacié completamente la caja (13 millones de liras y 5 relojes Rolex).

Después bajamos a su habitación. Le dije lo que pensaba de él después de lo que sucedió en la casa de juego y lo golpeé con el arma. Después le disparé en la cabeza usando una manta como silenciador. Después le disparé a su esposa, pero primero le até las piernas y brazos con la cinta.»

María Luigia Pitto y Bruno Solari, 27 de octubre de 1997

A tres días de la muerte del matrimonio Parenti, Donato Bilancia decidió obtener un beneficio económico con los relojes que había robado y se puso en contacto con un joyero para canjear el botín por dinero. Pero las cosas se complicaron: las víctimas sintieron miedo y eso cambió la idea primitiva, así que entonces decidió eliminarlos caprichosamente.

«Les conocía. Pensé que eran las personas adecuadas para revender los 5 relojes que tomé de la caja fuerte de los Parenti. Pero algo salió mal: tenían bastante miedo y no querían tener nada que ver conmigo. Los dos eran bastante viejos. Tuve que dispararles a ambos porque podrían identificarme. También tomé algunas joyas. En la casa también estaba la criada, pero no me vio porque estaba en otra habitación. Menos mal, no pensaba matarlos y tuve que hacerlo, no quería matar a la empleada también.»

Luciano Marro, 13 de noviembre de 1997

El móvil principal de esta muerte fue el robo. El asesino consideró que era necesario no dejar cabos sueltos y no tuvo reparo en matarlo a sangre fría.

«Estudié el plan del robo antes. Había realizado varias investigaciones para observar los hábitos del cambiador de dinero. No fue fácil golpearlo. Entré cuando estaba barriendo el piso del sector de local donde suelen estar los clientes, el único momento en que fue posible golpearlo. Entré en la oficina y le amenacé con mi arma. Entonces ordené que vaciara la caja fuerte y me diera todo el dinero, pero trató de reaccionar y le disparé varias veces. No podía dejarlo con vida porque podía reconocerme».

Giangiorgio Canu, 25 de noviembre de 1998

Otra muerte sin sentido y cometida casi de forma automática, con una frialdad que apabulla. En el pasado, durante su juventud, un vigilante nocturno había atrapado a Donato Bilancia durante un robo y, desde entonces, los vigilantes simplemente «no le caían bien». Fue fácil interceptar a Giangiorgio Canu y liquidarlo sin testigos.

«Le conocía y, como todos los demás vigilantes nocturnos, simplemente no me gustaba. Lo sorprendí cuando estaba en servicio dentro de uno de los edificios de su área operativa. Le disparé varias veces. Nadie ha visto lo que pasó... estoy bastante seguro de eso.»

Stela Truya, 9 de marzo de 1998

Del móvil de la venganza o del robo, Donato Bilancia comenzó repentinamente a asesinar mujeres, por sexo o por el simple placer de matar.

Era su primera víctima de este tipo y el inicio de un modus operandi con cualidades rituales que se repetiría varias veces más; primero en la calle, luego en los trenes. Al ser la primera vez, sorprende nuevamente la falta de descripciones morbosas, la carencia absoluta de emoción que imprime a su relato. Más que frialdad, con sus palabras Bilancia parece transmitir un enorme hastío, vacío y rigidez.

«Le hice subir a mi coche. Ella estaba trabajando en un área llamada Foce. Le ofrecí una gran cantidad de dinero para mantener una relación sexual en casa con el fin de convencerle rápido. Luego le llevé a una zona aislada cerca de las colinas de Génova que tenía vista y controlada de antes, un lugar adecuado para un asesinato. Le hice desnudar y le grité que bajara del coche. Tenía mucho miedo y no quería salir, así que le tomé del pelo y le arrastré. Luego cayó de rodillas y le disparé en la cabeza una vez. Luego le dejé allí y me fui.»

Ljudmila Zubskova, 18 de marzo de 1998

La confesión fue más breve que la anterior. Donato Bilancia solo se preocupó por dar los detalles clave para que ninguna otra persona se atribuyera el asesinato; era «su» obra.

«Ella estaba trabajando en Albenga. Le hice subir a mi coche ofreciéndole una gran cantidad de dinero a cambio de una relación sexual. Luego le llevé a un lugar aislado (investigué el terreno antes) detrás del Hospital de Pietra Ligure. Le hice salir del coche e inmediatamente después la tiré de rodillas y le disparé en la cabeza una vez. Entonces simplemente me fui.»

El 24 de marzo de 1998 se dio una inflexión fatal en la carrera delictiva de Donato Bilancia. Uno de sus bien planificados ataques no salió bien: Lorena Castro sobrevivió para darle a la policía un certero retrato robot. Lamentablemente, se suman aquí dos muertos más: Cándido Randó y Massimo Gualillo, los guardias nocturnos que se acercaron al Mercedes Benz para advertirle a Bilancia que estaba en propiedad privada.

Enzo Gorni, 20 de marzo de 1998

Otro robo y otra muerte para no dejar testigos... Un asesino silencioso que no da explicaciones, Donato Bilancia no se explayó demasiado sobre los hechos.

«Fue como el homicidio del excambiador de dinero... Solo tuve que esperar el momento adecuado para atacar, es decir a la hora de cierre. Luego entré, lo amenacé con mi arma, lo forcé a abrir la caja fuerte y le exigí que me diera todo el dinero. Pero trató de reaccionar y descargué los disparos hacia él... Entonces me fui.»

Tessy Adobo, 29 de marzo de 1998

Quizá el asesino no supo enseguida que Lorena Castro había sobrevivido o tal vez, había dejado de importarle que le atraparan. Cinco días después de ese hecho, lo hizo de nuevo. La víctima fue otra inmigrante que trabajaba de prostituta, esta vez procedente de Nigeria, Evelyn Eshoe Enddoghaye, que utilizaba el seudónimo de Tessy Adobo.

«Le hice subir a mi coche. Ella estaba trabajando en un área llamada Foce, igual que la primera prostituta que había asesinado. Le ofrecí una gran cantidad de dinero a cambio de una relación sexual y le llevé a un área aislada cerca de las colinas de Génova que solía patrullar. Tuve una relación sexual con ella y luego le hice salir del coche...

Tenía mucho miedo, así que la tomé del pelo y la arrastré (igual que con otra anterior). Ella trató de escapar, así que disparé a su rodilla primero. Cayó al suelo y le disparé dos veces más en la cabeza. Entonces la dejé allí y me fui.»

Elisabetta Zoppetti, 12 de abril de 1998

Dado que esta muerte fue la primera que sucedió en el tren, Donato Bilancia se explayó un poco más sobre los detalles. Y a pesar de que el fiscal Zucca lo escuchó por varias jornadas, nunca obtuvo más información que la que transcribimos aquí.

«Me subí al tren en la estación principal de Génova. Después de un rato noté a una mujer sentada en el vagón de primera clase. No sabía quién era ella… Nunca la había visto antes. Pocos minutos después fue al baño y llevaba su bolso con ella. Esperé un rato y después decidí entrar al baño (con una llave especial que tenía conmigo) y matarla. Recuerdo que ella comenzó a gritar, pero le cubrí la cabeza con su chaqueta y luego le disparé una vez.

Tomé su bolso buscando su boleto de tren porque no tenía el mío. Luego puse el bolso dentro del compartimento donde ella viajaba. Luego salí del tren en la estación de Voghera. Me había subido al tren porque quería matar a una mujer… aunque no la tocara… no quería tener sexo con ella, solo quería matarla… como parte de mi plan criminal. No tengo nada más que decir al respecto.»

Mema Valbona, 14 de abril de 1998
A dos días del homicidio de la enfermera en el tren, Donato Bilancia volvió la acción y a repetir su primer método al matar a otra prostituta. Ahora sí ya había alcanzado su máximo espectro de víctimas: robo, venganza, sexo, rencor y simple necesidad de matar.

«Fue un homicidio idéntico al de las otras prostitutas. Ella estaba trabajando en Albenga y le llevé a un área aislada cerca de Pietra Ligure, cerca de la salida de la autopista, un lugar donde he estado antes para verlo y considerado adecuado para un asesinato. Primero tuvimos sexo e inmediatamente después la hice salir del coche. Como no quería salir, la tomé de los pelos y la arrastré, luego la hice caer de rodillas y disparé a su cabeza una vez. La dejé allí y me fui.»

Maria Angela Rubino, 18 de abril de 1998
La muerte de Maria Angela reúne, de distintas maneras, todos los motivos que atormentaban a Donato Bilancia. Tras perder

La bella Maria Angela Rubino fue hallada muerta en el baño del tren que recorre Génova-Ventimiglia. Bilancia se masturbó y dejó su esperma encima del cuerpo de la víctima después de matarla.

en el casino, sintió la necesidad de matar a una mujer. ¿Su adicción por la muerte reemplazaba a su adicción por el juego? Es muy probable.

Rencoroso tras la pérdida de dinero, planeó una venganza íntima: tomar el tren, seguir a una joven hasta el baño y matarla. Cumplido su oscuro deseo, bajó del tren y tomó un taxi hasta la estación de San Remo, donde había dejado su propio vehículo.

«Recuerdo que fue durante la noche. Primero estuve en el casino de San Remo donde perdí gran cantidad de dinero. Luego llegué a la estación cercana y tomé el primer tren disponible. Allí vi a una mujer joven y sentí un impulso repentino e irresistible de matarla.

Después de unos cuantos minutos ella fue al baño. Esperé un rato y luego abrí la puerta del baño con mi llave especial. No tuvo tiempo para defenderse. Me tomó solo unos segundos matarla. Le disparé en la cabeza una vez usando su chaqueta como silenciador. Recuerdo que me sentí muy excitado por su ropa interior color negra, así que cerré la puerta del baño y me masturbé usando su ropa para limpiarme cuando terminara...

Salí del tren en la estación de Bordighera, pero usé la puerta equivocada así que la alarma del sistema se activó y uno de los controladores del tren me preguntó qué estaba haciendo en el lado equivocado. Respondí que vivía cerca y que simplemente me había alejado. Entonces tomé un taxi enfrente de la estación y volví a San Remo donde había dejado mi coche.»

Giuseppe Mileto, 21 de abril de 1998

Habían pasado varios meses desde el primer asesinato y el crimen de Donato Bilancia permanecía impune. Quizá por esa razón empezó a diversificar su accionar. Ya no mataba porque se sentía ofendido o había sido estafado en el juego y buscaba venganza; ahora solo necesitaba combustible y no estaba dispuesto a pagarlo. ¿Capricho?

«Llegué a la estación de servicio para llenar el depósito, pero no tenía dinero conmigo. Le pido al encargado de la estación que lo llene y que me dé un poco de aceite para motor, almacenado en la pequeña oficina donde estaba la caja.

Luego le mostré mi arma y le ordené que me diera todo el dinero. Decidí matarlo porque me había visto directamente a la cara y podría haberme reconocido. Le disparé varias veces. No recuerdo cuántos tiros fueron. Tomé el dinero (alrededor de 2 millones de liras) y me fui con mi coche.»

A quince días de la ejecución de Guiseppe Mileto y tras una larga y silenciosa investigación policial, Donato Bilancia fue finalmente detenido. En sus primeras declaraciones, junto con esta exhaustiva, precisa y dolorosa confesión, pidió ayuda psiquiátrica.

Capítulo 9

¿QUIÉN ERA DONATO BILANCIA?

«Creo que dos personajes coexisten en mí, que
llamaré B1 y B2. Hasta el día de mi primer
crimen, afortunadamente, B1 siempre había
logrado controlar, aunque sea parcialmente a B2,
el más transgresor... En los meses en que cometí
los asesinatos, B2 fue el que dominó sobre B1... »

Donato Bilancia

Descubrir en definitiva quién fue el hombre que asesinó a 17 personas en tan solo seis meses presupone
el repaso pormenorizado de los hechos que se descri-
ben de manera objetiva en cada caso. Sin embargo, en las pági-
nas escritas con testimonios y truculentos detalles transcriptos
no se puede encontrar la historia que comenzó mucho antes de
que Donato Bilancia tuviera en sus manos un arma, incluso de
juguete. Y aunque ningún hecho alcanza para justificar su accionar delictivo, el contexto familiar de Donato Bilancia explica lo
que no encuentra esa justificación.

¿Quién era ese asesino frío, planificado y casi adicto a la
muerte, que sorprendentemente poco y nada tenía para decir
sobre sus víctimas, sobre sus hechos y sobre sí mismo? ¿Qué
había detrás de esas muertes de autómata? ¿Qué se escondía detrás del laconismo casi mordaz de su relato? ¿Quién era
Donato Bilancia?

El 12 de abril del año 2000, cuando la Corte Suprema de Génova
le sentenció a cumplir una condena de 13 cadenas perpetuas por

los asesinatos de sus 17 víctimas y más adicionales por el intento de homicidio de Lorena Castro, después de los 11 meses que duró el juicio, Donato Bilancia tenía 49 años.

¿Qué hacía allí ese hombre de mediana edad que ya pintaba canas, soltero, más bien refinado y de maneras educadas, que hablaba más de una lengua además del italiano, de amplia cultura general según parecía, bien vestido, adicto a los autos caros, el juego, las apuestas y el cigarrillo? ¿Qué hacía allí y cómo podía ser un asesino despiadado?

Condenado y recluido en la penitenciaria Due Palazzi, de la ciudad de Padua, Donato Bilancia pasó de ser un criminal difícil de atrapar a un preso de conducta ejemplar. Su colaboración con la investigación lo libró de un juicio largo y controvertido.

Primeros años

Donato Bilancia había nacido en Potenza, Basilicata, región al sur de Italia, el 10 de julio de 1951. Potenza es la capital de la región, la ciudad más poblada, erigida sobre la ladera de los montes Apeninos, a 819 metros sobre el nivel del mar.

Hijo del funcionario público Rocco Bilancia y la ama de casa Anna Mazzaturo, vivió con su familia también en Asti, al norte del país, cerca de la frontera con Suiza y Francia. Allí conoció el contraste entre el sur montañoso y relativamente agreste en el que había pasado sus primeros años y una ciudad como Asti, enclavada en la llanura y mucho más cosmopolita.

Sin embargo, el trabajo de su padre Rocco, los llevó a trasladarse nuevamente a la localidad de Capaccio en la provincia de Salerno, otra vez al sur del territorio italiano, pero mucho más cerca del mar Tirreno.

Capaccio era entonces un poblado pequeño y el Donato sufrió el cambio de residencia, hasta que en 1956 la familia se asentó definitivamente en Génova, en la región de Liguria. Ciudad con puerto y mucha historia, fue el sitio que luego, ya de adulto

Donato Bilancia prefirió para vivir: Génova y sus alrededores turísticos fueron el marco espacial donde se desarrollarían sus terribles asesinatos.

Inferioridad y vergüenza

Donato creció con un permanente sentimiento de inferioridad en relación con su hermano Michele, a quien sus padres señalaban como el más inteligente de los hijos, así como lo destacaban durante la adolescencia por su virilidad; mientras que a él lo atormentaban infundiéndole insidiosamente un sentimiento de permanente vergüenza por causas varias: no sacar nunca buenas notas en la escuela, hacerse pis en la cama y, un detalle de carácter sexual importante, tener un pene muy pequeño.

El pequeño Donato Bilancia sufrió de enuresis hasta prácticamente los doce años y en aquellos años 50 la mirada de la Pediatría era muy distinta de la actual. Condenado a la burla de su familia, Donato acabó por forjar un carácter duro y a la vez sufrido.

Vittorino Andreoli, que había realizado investigaciones sobre biología y comportamiento animal y humano en Italia (Università di Padova, Università di Milano) y trabajó en la Universidad de Cambridge (Inglaterra), en el Cornell Medical College de Nueva York y posteriormente en la Universidad de Harvard, en EE. UU., se dedicó a estudiar la mente de Bilancia.

En las numerosas entrevistas que mantuvo el eminente psiquiatra y criminólogo con Donato Bilancia, este hizo muchas veces referencia a su problema, asegurando que su madre, después de que él se orinara por la noche, colocaba el colchón en el balcón, no solo con la intención de que se secara, sino para que todos los vecinos supieran lo que había ocurrido.

Siempre se burlaban de él, no solo su propia madre, sino además su tía; por lo que no es difícil de imaginar que su hermano mayor y sus primos también hicieran lo mismo. En una carta que le escribe a Vittorino Andreoli, Donato relata textualmente:

«Recuerdo que me estaba muriendo de vergüenza —en referencia al episodio del colchón en el balcón— también porque en el apartamento de enfrente vivía un caballero con una o dos hijas, no recuerdo bien, que tenían más o menos mi edad y esto era aún más insoportable para mí. A veces me despertaba por la noche porque me daba cuenta de que había orinado en la cama y trataba de secarlo con el calor del cuerpo para evitar el bochorno y la burla».

«Y caí de rodillas»

De aquellos primeros años de su infancia, Donato Bilancia no recordaba ninguna experiencia escolar o con alguna pandilla de amigos, pero sí cuenta cómo era el trato con sus primos. Durante los veranos, la familia retornaba a Potenza, a casa de sus tíos para pasar el verano. En unas vacaciones y con la excusa de ayudarlo a cambiarse, su tía le bajó la ropa interior delante de sus primos y les mostró su pene subdesarrollado. Al respecto, dijo Donato Bilancia: «En ese momento, me acurruqué sobre mí mismo y caí de rodillas sobre la cama, muerto de vergüenza... Este fue el evento que me crucificó por el resto de mi vida».

«Y caí de rodillas...», la misma pose que obligó imitar a sus víctimas mujeres una y otra vez para después asesinarles a sangre fría.

El camino del delito

Inserto en este grupo familiar, en el que el escarnio era el principal castigo, casi obsesionado por convertir al pequeño Donato en un chivo expiatorio de la gran familia, el muchacho fue creciendo y pronto comenzó a llevar una suerte de vida paralela.

A los 14 años se hizo llamar «Walter» y abandonó el colegio secundario. Se dedicó entonces a realizar trabajos de medio tiempo, como mozo en un bar, repartidor, panadero e incluso ayudante en un taller mecánico.

Pero también en aquellos tiempos incursionó en sus primeros hurtos. Cuando aún era menor de edad, fue apresado por el robo de un scooter (motocicleta) y luego la carga de un camión que transportaba dulces navideños que intentó vender en un supermercado.

Aunque consiguió rápidamente la libertad por estos delitos, dado que las autoridades entendieron que el menor no podía diferenciar lo correcto de lo incorrecto, estos hechos fueron el comienzo de una larga carrera de crímenes que culminaría recién en 1998.

Más tarde, con poco más de 21 años, Donato Bilancia sufrió un accidente automovilístico: el camión en el que viajaba se despeñó por un viaducto y debió pasar largos meses en recuperación, amén de los primeros diez días de terapia intensiva.

Para 1974, Donato Bilancia ya portaba un arma de fuego y este fue motivo de su primer encarcelamiento.

Un año después, fue condenado a dieciocho meses por robo a mano armada. Para 1976, fue derivado desde la cárcel al pabellón psiquiátrico del Hospital General de Génova por trastornos graves, pero pronto logró escapar del nosocomio, así que fue recapturado y debió terminar de cumplir la condena en prisión.

Estuvo preso por motivos diversos, tales como: portación de armas, robo, por apostar, por golpear a una prostituta y hasta fue denunciado por las empleadas de una lencería por acoso sexual. Ya tenía una pequeña carrera delictiva en ascenso, pero el joven Donato Bilancia seguiría escalando en su seguidilla criminal.

Un golpe brutal

Sin embargo, no fueron los episodios descriptos los que marcaron un antes y un después en su vida. Los psiquiatras que lo atendieron en la cárcel y en el hospital de Génova, sugirieron que la trágica muerte de su hermano —el odiado, amado, envidiado

En el casino de San Remo y en los ámbitos que frecuentaba de noche, Bilancia era conocido como Walter, un jugador profesional que solía endeudarse y también matar para conseguir dinero.

hermano mayor— fue el acontecimiento traumático que habría marcado para siempre su vida y su comportamiento posterior.

El 11 de noviembre 1987, Michele Bilancia tomó la terrible decisión de quitarse la vida y no lo hizo solo, sino que se llevó en sus brazos a su propio hijo, el pequeño David, de solo cuatro años. El hombre y el niño fueron hallados cerca de la estación de Génova-Pegli aplastados por una formación de tren.

Según explica Vittorino Andreoli, es probable que este acontecimiento haya perturbado profundamente a Donato Bilancia hasta convertirlo en un hombre «masoquista, ya que no tiene confianza en sí mismo. Tanto que, matar para él se traduce en un asesinato continuo: es por esta razón que constantemente habla de suicidio y dice: "estoy convencido de que la solución a todo es mi muerte"». Agrega que en sus charlas con el asesino, él mismo pedía: «Desearía que fuera una muerte sin complicaciones, una noticia de dos líneas: El recluso Donato Bilancia se ahorcó en una celda, punto y eso es todo».

Otra vez el laconismo y la síntesis, aunque ahora transmite más un dejo de honestidad y tristeza surgidas de la contemplación de su propia vida.

Jugador profesional

Tras el suicidio de su hermano, Donato Bilancia vivió algún tiempo recluido o, por lo menos, alejado del delito. Pero en 1990 el destino quiso que fuera una vez más protagonista de un accidente vial que lo llevó a permanecer cinco días en coma. Después de salir de esta experiencia traumática, Donato Bilancia obtuvo el alta y se aficionó a juego que se convertiría en adicción: apostar fuerte, por mucho dinero.

En poco tiempo, Donato Bilancia se hizo jugador profesional y se dedicó de lleno a las apuestas. A pesar de tener fama de honrado y de pagar siempre sus deudas de juego, las cosas empezaron a andar mal con el tiempo. Conocido como «Walter» —el seudónimo de su otra vida— en el casino de San Remo, Donato comenzó a tomarle el gusto a los coches caros y se lo veía a veces en un Porsche y otras, en diferentes Mercedes.

La racha, sin embargo, no duraba para siempre. A mediados de 1997, poco antes de que Donato Bilancia cometiera su primer crimen, las deudas le empezaron a pesar y decidió volver a delinquir para conseguir dinero, aunque esta vez también estaba dispuesto a cometer un asesinato.

¿O hay que enfocar el problema y el personaje de modo inverso? Donato Bilancia era un asesino que pujaba por salir y expresar la furia escondida que guardaba dentro. No era un loco irascible, era un tipo controlado y planificador que decía pocas y justas palabras, y que se dedicó a matar del mismo modo, rápido, práctico, casi despreocupado y vacío.

Él mismo lo dijo claramente: «Salí de casa y decidí matar, tal como podría haber decidido ir al restaurante. Me preocupo por una broma y luego mato como si nada hubiera pasado».

Sin arrepentimiento alguno

Diecisiete personas fueron víctimas de Donato Bilancia, uno por estrangulamiento o asfixia, y las demás, todas asesinadas por el fuego de su revólver Smith & Wesson, calibre 38.

Donato Bilancia vivió en prisión desde el 6 de mayo de 1998 hasta el 17 de diciembre de 2020, fecha en la que falleció por coronavirus. En estos 22 años de permanencia en la cárcel de Padua, se recibió de contador con excelente promedio (83/100), además de convertirse en un fanático de la historia y estudiar turismo cultural. Las dificultades con la escuela del pequeño Donato habían concluido para siempre.

Sin embargo, jamás dijo en momento alguno haberse arrepentido de sus crímenes y nunca pidió perdón a los familiares de las víctimas, acción que podría haber favorecido a Donato Bilancia con algún beneficio en su condena.

Para asesinar a sus víctimas, Bilancia usaba
su revólver Smith & Wesson, calibre 38 corto.
Y con la intención de no salpicarse de
sangre y silenciar el estallido, les cubría la
cabeza con una prenda de vestir.

Para echar luz sobre el perfil del condenado, su psiquiatra agregó: «Bilancia tiene un gran sentido del honor, porque
desde su mirada llegó hasta a matar para pagar sus deudas,
jamás ha perdonado a aquellos que se burlaron de él y tanto
daño le hicieron y de hecho sufre de infantilismo emocio-
nal, porque hasta el día de su detención no dejó pasar ni una
semana sin ir a visitar a sus padres».

Condenado a permanecer en prisión hasta la muerte, quizá
sea su propia duda la que reverbera en la cabeza de todos aquellos que conocen esta historia: «¿qué sentido tiene mante-
nerme a salvo?».

8 años después

Más allá de la agitación que produjeron la detención, el juicio y la
condena de Donato Bilancia en los medios periodísticos y otros
hechos que se hicieron públicos de su vida, como su voluntad
de ponerse a estudiar, no fueron muchas las novedades sobre el
condenado desde fines del año 1999.

Sin embargo, en el año 2000, Donato Bilancia aceptó dar una
serie de entrevistas a la conocida periodista y desde 2012 política
italiana, Ilaria Cavo, quien había decidido escribir un libro sobre
él, dada la gran repercusión del caso.

En 2006, bajo el sello de la familia Arnoldo Mondadori
Editore y contando con la colaboración del fiscal Enrico Zucca,
que había llevado el caso, publicó el trabajo «Diecisiete asesinatos por accidente», en el que se narran las muertes desde la
mirada del asesino.

Es el propio Bilancia, en la que constituye prácticamente su
biografía, quien en alguna de las entrevistas le confiesa a la
autora: «Creo que si saliese lo volviera a hacer. No sé cómo, ni sé
por qué, pero creo que lo volvería a hacer». Otro gesto de honestidad de quien sabe que está destinado a matar, a ser siempre lo
peor de sí mismo para otros.

ILARIA
CAVO

Diciassette omicidi per caso

Storia vera di Donato Bilancia,
il serial killer dei treni

STRADE
BLU

SAGGI

MONDADORI

«Siempre ha sido un hijo cariñoso y amable»

Por primera vez desde su detención, a finales de 2017, Donato Bilancia obtuvo un permiso para abandonar por unas horas la prisión. Casi camuflado y fuertemente custodiado, el juez lo autorizó a ir a visitar la tumba de sus padres, enterrados en el cementerio de Nizza Monferrato.

Y fue justamente en esa pequeña localidad cercana a Génova, donde Rocco y Anna, sus padres, habían decidido pasar los últimos años de su vida y donde recibieron, perplejos y horrorizados la noticia de los crímenes cometidos por Donato que salían en la televisión y los periódicos.

Estas son las palabras finales de su madre: «Donato nos ha dado un poco de disgusto —confesó Anna sobre el final de sus días—, pero siempre ha sido un hijo cariñoso y amable. Es imposible que haya hecho las cosas por las que le acusan».

Capítulo 10

UN ASESINO
SUI GENERIS

«Sin embargo, podría haberle hecho reflexionar
(ya que era un hombre reflexivo, a su manera)
sobre las similitudes entre el asesinato y las
patatas fritas Lay's: una vez has empezado, es
muy difícil parar».

Stephen King, *La cúpula*.

El accionar criminal de Donato Bilancia aún desconcierta a quienes lo quieren clasificar y deja directamente fuera de carrera a los que pretenden etiquetarlo. Los investigadores, en su afán de conocer a fondo la mente de quien es capaz de tales atrocidades, han generado una clasificación que colabora con quienes tienen a su cargo la tarea de apresar criminales.

Así, Crime Classification Manual —realizada por varios autores en 1992 a pedido del FBI y del National Center for the Analysis of Violent Crime—, obra que reúne la mirada de distintos expertos en criminalística, distingue tres tipos de asesinos múltiples: el asesino en masa; el asesino itinerante y el asesino en serie. ¿En cuál de estas opciones encaja la serie de crímenes del italiano Donato Bilancia?

Para la definición del Buró Federal de Investigaciones (FBI), se denomina «asesino en masa» a aquel que «mata a cuatro o más víctimas en un determinado momento y lugar, y en una única escena del crimen». El tiempo transcurrido entre una víctima y otra, más el hecho de que fueran casi tantas escenas como crímenes, deja a Bilancia fuera de esta primera definición.

¿Quizá sea entonces un «asesino itinerante»? Siempre de acuerdo con la definición del FBI, este criminal «mata a tres o más víctimas en más de una localidad y, por tanto, en distintos lugares; lo que implica encontrarse con diferentes escenas del crimen». Si bien esta descripción podría ajustarse a la saga de asesinatos de Bilancia, para terminar de concordar con la definición, no debe pasar entre una y otra muerte lo que los especialistas llaman «período de enfriamiento». Es decir, el asesino itinerante comienza a matar en un lugar y ya no se detiene, busca y encuentra en cuestión de horas a su siguiente víctima.

La tercera definición es la del «asesino en serie», es decir, aquel que «mata a tres o más víctimas en intervalos separados de tiempo. Lo que diferencia a este tipo de asesino múltiple del asesino en masa y del asesino itinerante es que hay un periodo de enfriamiento entre las víctimas y, por tanto, nos encontramos con más de un lugar y diferentes escenas del crimen. El período de enfriamiento puede ser de días, de meses o incluso de años».

Es altamente probable que, para un número de investigadores y para la prensa en general, Donato Bilancia sea considerado genéricamente un asesino en serie. Sin embargo, no es tan sencillo encuadrarlo dentro de esta definición. ¿Por qué?

Porque hasta donde la historia permite indagar, estas mentes criminales suelen preferir a un tipo determinado de víctimas: solo hombres y dentro de esa gran categoría, quizá solo hombres con mucho dinero o mujeres, en esencia jóvenes, de cabello rubio o con determinada característica física. Es decir, asesinos en serie como el norteamericano Ted Bundy, quien asesinó únicamente a mujeres jóvenes, parecidas a una exnovia que lo plantó en su juventud. O Andrew Cunanan, el asesino del famoso diseñador Gianni Versace, quien mató a cinco personas antes de quitarse la vida, cuatro de ellas homosexuales.

¿Cuál era el objetivo de Donato Bilancia?

Sin clasificación

Puede que nunca se sepa a ciencia cierta qué lleva a una persona a matar porque sí. Dentro de las múltiples clasificaciones, existen también asesinos «organizados» y «desorganizados». Los primeros, son aquellos que «planean y llevan a cabo sus crímenes de modo consciente, premeditado. Cada crimen es para ellos la materialización de una fantasía que ha madurado en su imaginación durante largo tiempo, dándole forma y perfeccionándolo continuamente mediante un proceso de retroalimentación.

Los asesinos organizados se identifican claramente con personas que padecen un trastorno psicopático, habitualmente en conjunción con otros trastornos sexuales como el Trastorno Sádico de Personalidad (T.S.P.), con el que correlaciona en alto grado. Constituyen el grupo más importante tanto cuantitativa como cualitativamente: estadísticamente, las tres cuartas partes de los asesinos en serie identificados pertenecen a este tipo; y su número de víctimas es mucho más elevado que el de los otros grupos.

«Los desorganizados, en cambio, representan la otra cara de la moneda del crimen en serie. Estos homicidas perpetran sus acciones de forma impulsiva y totalmente improvisada. No tienen clara conciencia de sus actos, que son guiados por agudos trastornos mentales que dictan sus impulsos.

Son enfermos mentales, psicóticos maníaco-depresivos y esquizofrénicos paranoides que sufren delirios (generalmente, de tipo mesiánico o de persecución). Sus crímenes se caracterizan por su extrema violencia, y habitualmente son más fácilmente identificados y detenidos, por lo que sus carreras criminales son más cortas».

Vuelta a la infancia

Si se tiene en cuenta su carrera como asesino, los datos reunidos sobre Donato Bilancia encuadran alternativamente en una y otra definición. Pero no es concluyente: fue variando el tipo de víctima y fue repitiendo el modus operandi, aunque en seis meses liquidó a diecisiete personas muy distintas entre sí: un agente de cambio, varios guardias, algunas prostitutas, una enfermera...

Para llegar a conocer un poco más sobre la intrincada mente humana, algunos especialistas creen que la respuesta se puede hallar en la historia del asesino. ¿Es un psicópata? En la mayoría de los casos sí, y en aquellos en los que no lo son, se trata de sujetos psicóticos.

En primer lugar, es preciso aclarar el término «psicopatía». Se trata de un trastorno de la personalidad definido por una serie de rasgos y conductas que son mal vistos por la sociedad. El psicópata muestra una imagen de sujeto egocéntrico, cruel y sin remordimientos, todo ello sumado a la carencia absoluta de empatía y a la incapacidad para relacionarse con los demás de una forma natural. En cambio, un sujeto psicótico es aquel que presenta una enfermedad mental o psicosis, es decir, una esquizofrenia.

Ressler & Shachtman, autores del libro *Asesinos en serie*, llegaron a interesantes conclusiones luego de realizar 36 entrevistas a individuos condenados por asesinatos múltiples. Una de ellas que «nadie pasa de repente, a los 35 años, de ser una persona perfectamente normal a tener un comportamiento profundamente malvado, disruptivo y homicida. Los comportamientos precursores del asesinato siempre han estado presentes y llevan mucho, mucho tiempo desarrollándose desde la infancia».

Y es recién ahora que el rompecabezas del asesino italiano puede empezar a ensamblarse. Ressler & Shachtman resaltan que existen «denominadores comunes de la historia de vida que caracteriza a los asesinos múltiples». De acuerdo con el universo estudiado por los autores, los asesinos «solían proceder de hogares disfuncionales (con enfermedad mental parental grave, padres criminales, historia familiar de abuso de alcohol o drogas, abuso sexual y/o físico, etc.), aunque con una apariencia exterior de normalidad». Y reafirman, a su vez, el hecho que todos sin excepción «habían sufrido malos tratos emocionales en su infancia (carencia de afecto, atención, amor y cuidado), siendo desatendidos por sus padres o tutores, sin poner límites a su comportamiento y, por tanto, con una escasa socialización».

Es cierto que una inmensa mayoría de personas que provienen de hogares disfuncionales o que han sido maltratadas no se convierten en asesinos, pero sí existe una pequeña porción que no puede lidiar adecuadamente con su pasado.

Otra característica en común de los casos estudiados es que «entre los ocho y los doce años los asesinos estudiados se volvieron definitivamente solitarios. Este aislamiento social genera que la incipiente sexualidad del niño no se dirija hacia los demás, sino hacia sí mismo». Del mismo estudio, se sabe que «más de tres cuartas partes de los asesinos iniciaron prácticas autoeróticas en la preadolescencia; la mitad dijo haber fantaseado con violar a alguien entre los 12 y los 14 años; y más del 80% confesó haber consumido pornografía y tener tendencias hacia el fetichismo y el voyeurismo».

Para concluir y poder ajustar las definiciones sobre Donato Bilancia, los autores citados concluyen que «muchos criminales en potencia no cruzan jamás la línea que los lleva a asesinar a alguien. Podemos afirmar que el primer asesinato de un asesino en serie es precedido por factores situacionales estresantes que desbordan la personalidad del agresor, ya que este carece de los recursos de afrontamiento necesarios, por lo que utilizan sus fantasías como única solución a sus problemas.

Ahora que el primer asesinato ha tenido lugar, ya no hacen falta estresores previos para que haya más asesinatos. Una vez cruzado el umbral, el asesino en serie suele planear sus futuros crímenes con más detenimiento. A lo mejor, el primer crimen tenía algunos elementos de espontaneidad, pero la próxima víctima será seleccionada cuidadosamente, el crimen se ejecutará de un modo más experto y la víctima sufrirá más violencia. Este es, pues, el modo en que nuestro niño solitario del hogar anómalo se ha convertido en un asesino en serie.

Una etiqueta final

Todos los análisis posibles sobre el comportamiento de Donato Bilancia nos acercan a su interior, a aquella familia que se burlaba de su pene pequeño o de que se orinara en la cama. Más tarde, llegó su adicción por el juego y, evidentemente, su poca afición al trabajo; su deseo de tener sexo con una prostituta y sus pocas ganas de abonarle los servicios. ¿Realmente todos estos datos, apenas así reunidos, sirven para comprender a fondo esta mente criminal?

Los investigadores que tuvieron posibilidad de entrevistarlo en la cárcel entienden que, dentro de la definición macro de asesino en serie, la evolución de los crímenes de Donato Bilancia dan la posibilidad de crear un subconjunto, el del asesino «sui géneris». Es decir, de aquel que «es muy peculiar, que no coincide exactamente con lo que designa, sino que es algo distinto».

Para finalizar, Vittorino Andreoli, quien lo entrevistó en prisión, agregó que la mente asesina es compatible con la normalidad. El pensamiento de Andreoli tiene una visión opuesta a la concepción lombrosiana del individuo criminal, basada en la determinación biológica y física del individuo que asesina.

Especialista en el estudio de la conexión entre la microbiología, la neurología y la patología criminal, el psiquiatra italiano considera que el ambiente es el responsable de estructurar y fijar los aspectos biológicos junto a la posible herencia genética, transformando a la persona en alguien capaz de matar.

Donato Bilancia brindó a Andreoli un detallado relato de su vida y al hacerlo aprendió de ello. No tuvo más que, lentamente, comenzar a comprenderse a sí mismo y los motivos que lo habían llevado a cometer hechos aberrantes, ya no económicos ni sexuales, sino aquellos que permanecían aún escondidos en las sombras de su inconsciente.

Desde el punto de vista clínico, Vittorino Andreoli consideró que su patología era de tipo masoquista, de la que surgía el impulso asesino que gobernó su vida.

PERFIL CRIMINAL

Nacimiento: 10 de julio de 1951. Potenza, Italia.

Nombre: Donato Bilancia.

Alias: "El monstruo de Liguria", "El asesino de prostitutas" y "El asesino del tren".

Otros nombres: se hizo llamar también Walter y Walterino.

Padres: Rocco Bilancia y Anna Mazzaturo.

Hermanos: Michelle.

Infancia y juventud: creció en un ambiente violento y fue víctima de fuertes burlas de parte de su madre y su tía por sufrir enuresis hasta los 12 años.

Estado civil: soltero.

Perfil: masoquista. Asesino sui géneris.

Tipo de víctimas: hombres, en general, con la finalidad de robarles. Mujeres prostitutas, y también elegidas al azar.

Crímenes: asesinó a 17 personas en total, entre el 24 de octubre de 1997 y el 6 de mayo de 1998, cuando fue detenido.

Modus operandi: robo y secuestro seguido de muerte. Para matar, utilizó en casi todos los casos un revólver Smith & Wesson, calibre 38; para abordar a las prostitutas, un coche Mercedes negro.

Condena: 13 cadenas perpetuas consecutivas. Falleció el 17 de diciembre de 2020 por coronavirus en la cárcel de Padua.

Bibliografía

American Psychiatric Association (APA), *Manual Diagnóstico y Estadístico de los Trastornos Mentales DSM–IV–TR.* Masson, Barcelona, 2002.

Arnell, Peter Louis, *Asesinos en serie italianos.* Youcanprint, libro electrónico, Italia, 2018.

Douglas, J. E., Burguess, A. W., Burguess, A. G, y Ressler, R. K., *Crime Classification Manual.* Jossey–Bass, San Francisco, 2006.

Durigon, Néstor, *Asesinos seriales.* Ediciones B, Buenos Aires, 2014.

Lavorino, Carmelo, *Donato Bilancia. Nella mente del serial killer.* De Ferrari, Roma, 2018.

Marazzita, Nino. *L'avvocato dei diavoli: da Pietro Pacciani a Donato Bilancia : un protagonista racconta quarant'anni di crimini e misteri italiani.* Ed. Rizzoli, Roma, 2006.

Napodano, Gigliola, *El omicidio seriale in Italia.* LuluPress, United Kingdom, 2014.

Pérez, Mariano, *Asesinos en serie ¿locura o perversión?.* Libro en PDF, www.academia.edu.

Real Academia Española. *Diccionario de la Lengua Española,* 2016.

Ressler, R.K, y Shachtman, T, *Asesinos en serie.* Ariel, Barcelona, 2005.

Sepúlveda, Sergio, *Monstruos en la vida real.* Ed. Planeta, Buenos Aires, 2019.

Soria, M. A. (coord.) *Manual de psicología jurídica e investigación criminal.* Ediciones Pirámide, Madrid, 2010.

TÍTULOS DE LA COLECCIÓN

TED BUNDY
LA MENTE DEL MONSTRUO

* * *

JOHN WAYNE GACY
EL PAYASO ASESINO

* * *

DENNIS RADER
BTK: ATAR, TORTURAR Y MATAR

* * *

ANDRÉI CHIKATILO
EL CARNICERO DE ROSTOV

* * *

HENRY LEE LUCAS
EL PSICÓPATA SÁDICO

* * *

AILEEN WUORNOS
LA DONCELLA DE LA MUERTE

* * *

CHARLES MANSON
LA NOCHE DE LA MASACRE

* * *

EL ASESINO DEL ZODÍACO
UN ACERTIJO SIN RESOLVER

* * *

ANDREW CUNANAN
EL ASESINO DE VERSACE

* * *

JEFFREY DAHMER
EL CANÍBAL DE MILWAUKEE

ALEXANDER PICHUSHKIN
EL ASESINO DEL AJEDREZ

***

PEDRO ALONSO LÓPEZ
EL MONSTRUO DE LOS ANDES

***

HAROLD SHIPMAN
EL DOCTOR MUERTE

***

ARQUÍMEDES PUCCIO
EL SINIESTRO LÍDER DEL CLAN

***

GILBERTO CHAMBA
EL MONSTRUO DE MACHALA

***

MARY BELL
LA NIÑA ASESINA

***

DONATO BILANCIA
EL ASESINO DEL TREN

***

JACK EL DESTRIPADOR
EL TERROR DE WHITECHAPEL

***

MANUEL DELGADO VILLEGAS
EL ARROPIERO: UN PSICÓPATA NECRÓFILO

***

JEAN-CLAUDE ROMAND
EL PARRICIDA MITÓMANO

www.ingramcontent.com/pod-product-compliance
Lightning Source LLC
Chambersburg PA
CBHW060437090426
42733CB00011B/2315